Anna Lúcia dos Santos Vieira e Silva (Lilu)
Eduardo Américo Pedrosa Loureiro Jr.
Alexander Catunda Carneiro
Lya Brasil Calvet
José Rondney da Silva Mendonça
Victor Silva Morais Furtado
Alline de Albuquerque Bezerra Moreira
Adson Pinheiro Queiroz Viana
Rafaela Almeida Pinheiro

metadisciplina

Design, Didática e Semiótica na Educação

2021

Presidente da Fecomércio-CE e dos Conselhos Regionais do Sesc e Senac CE
Luiz Gastão Bittencourt da Silva

Diretora do Departamento Regional do Senac
Ana Cláudia Martins Maia Alencar

Diretor de Educação Profissional do Senac
Gustavo Henrique Escobar Guimarães

Diretora Administrativa Sesc e Senac
Marlea Nobre da Costa Maciel

Diretor Financeiro Sesc e Senac
Gilberto Barroso da Frota

Conselho Editorial
Ana Cláudia Martins Maia Alencar
Gustavo Henrique Escobar Guimarães
Denise de Castro
Gilberto Barroso da Frota
Marlea Nobre da Costa Maciel

EDITORA SENAC CE

Gerente de Produção Editorial
Denise de Castro

Designer gráfico
Kelson Moreira

Revisores
Ana Saba e Ednardo Gadelha

GRUPO DE PESQUISA METADISCIPLINA

Edição e preparação do texto
Anna Lúcia dos S. V. e Silva; Lya B. Calvet; Alexander C. Carneiro

Revisão de texto
Eduardo A. P. Loureiro Júnior

Projeto gráfico e diagramação
Adson P. Q. Viana; Marina S. Santos; Vitória M. Ribeiro

Ilustrações
Lya B. Calvet; José Rondney S. Mendonça (p. 62)

Infográficos
Adson P. Q. Viana; Alexander C. Carneiro; Victor S. M. Furtado

Normalização bibliográfica
Rafaela A. Pinheiro; Vitória M. Ribeiro

© Senac Ceará, 2021
Editora Senac Ceará – Rua Pereira Filgueiras, 1070
Fortaleza – CE – CEP 60160-194
editora@ce.senac.br – www.ce.senac.br

Dados Internacionais de Catalogação na Publicação (CIP)
Bibliotecária Katiúscia de Sousa Dias CRB 3/993

M587   Metadisciplina: design, didática e semiótica na Educação. / organização de Anna L. S. V. e Silva. - Fortaleza: Senac Ceará, 2021.
144 p. il. color.
Inclui glossário.
ISBN: 978-65-990424-1-6

1. Didática (estudo e ensino). 2. Metodologias ativas (ensino). I. Loureiro Jr., Eduardo A. P. II. Carneiro, Alexandre C. III. Calvet, Lya B. IV. Mendonça, José R. S. V. Furtado, Victor S. M. VI. Moreira, Alline A. B. VII. Moreira, Adson P. Q. Viana. VIII. Pinheiro, Rafaela A. IX. Título.

CDD 371.3

Agradecimentos

A palavra consentir significa aceitar, dar possibilidade, concordar. Gosto dessa palavra porque ela carrega junto com esse sentido imediato o verbo sentir dentro dela. Este livro só está em suas mãos porque algumas pessoas importantes consentiram que a Metadisciplina fosse experimentada em realidades concretas de ensino e aprendizado, em sala de aula, em aulas fora da sala, fora dos padrões e de expectativas programadas.

As primeiras pessoas a quem quero agradecer inicial e pessoalmente são o professor substituto da disciplina Didática, na Faculdade de Educação da Universidade Federal do Ceará (FACED-UFC), Eduardo Américo Pedrosa Loureiro Junior, e os estudantes da disciplina Métodos de Representação, do curso de Design da UFC Allyneanhy Gade Nunes Alves, Anderson de Castro Uchoa, Hugo Guimarães Sampaio, Juliana Araújo Marques, Lana Carolina Silva Pereira, Robson Fernandes Maciel Thâmia Portela de Carvalho e Vitor Gonçalves Moreira, por terem sido terra, arado e semente da Metadisciplina em 2014.

Em 2015, os estudantes da disciplina Projeto de Produto 4 (PP4) e o professor Carlos Eugênio Moreira de Sousa também acolheram a proposta, ainda em processo de germinação, e auxiliaram com seriedade, iniciativa e competência para que os primeiros ramos tivessem forma, de maneira exemplar. Agradeço aos professores Paulo Jorge Alcobia Simões e Alexia Carvalho Brasil, que acompanharam o projeto integrado dessa mesma turma com a disciplina Projeto Gráfico 4 (PG4), e às professoras Claudia Teixeira Marinho (2016) e Ana Cecilia de Andrade Teixeira (2018). Em 2016 foi a professora Silvia Marina Dias Filipe quem topou experimentar uma nova versão de PP4 comigo e, juntamente, os monitores Hugo Guimarães Sampaio e Josias Nascimento Cunha. Lembro-me de ter perguntado ao Hugo, que havia cursado PP4 em 2015: "Qual sua opinião da Metadisciplina em PP4 agora, como monitor?" E ele: "Está igual, por isso mesmo completamente diferente". Essa palavra foi importante para firmar a estrutura "rigorosamente flexível" da Metadisciplina, conceito que eu trazia como herança do mestrado, quando estudei a arquiteta Lina Bo Bardi e sua ideia de funcionamento para o Sesc Pompeia: o rigor de haver eventos quinzenais a céu aberto nas ruas entre os pavilhões das antigas fábricas e a flexibilidade de ser qualquer tipo de evento.

O desafio da Metadisciplina cresce no segundo semestre de 2016, com uma proposição ousada dos professores da Faculdade de Educação da UFC Paulo Meireles Barguil e Luiz Botelho Albuquerque, que, comigo, o Eduardo e o professor Elcimar Simão Martins, da UNILAB, compõem um quinteto docente para a disciplina Configurações Contemporâneas de Espaços-tempos, Sociedade e Composição Humana, com estudantes da graduação e da pós-graduação da Pedagogia, uma experiência única, rica e inesquecível. Em minha gratidão ao quinteto e à turma toda, empresto as palavras do professor Elcimar, do trecho de uma postagem no Facebook, no dia 30 de janeiro de 2017, no encerramento da disciplina:

> **"Um galo sozinho não tece uma manhã: ele precisará sempre de outros galos." Barguil e Botelho materializaram os versos de João Cabral nas aulas da disciplina Configurações contemporâneas de espaços-tempos, sociedade e composição humana, acolhendo outras vozes, convidaram Elcimar, Eduardo e Lilu para a composição de um quinteto, um orquestrado trabalho de docência. Desde o primeiro momento houve um planejamento compartilhado e os mestres muitas vezes saíram de cena para que outros atuassem como protagonistas. Com isso, chegamos à dodiscência, pois a partilha não ficou restrita ao quinteto docente, mas ampliou-se para os discentes, contemplando a diversidade cultural presente na sala de aula e**

desenvolvendo práticas pedagógicas emancipatórias. Assim, quem supostamente iria ensinar aprendeu (e muito) e quem estava lá para aprender teve a oportunidade de também ensinar.

A cada aula ou durante a própria aula havia reconfigurações. As mudanças se davam através do diálogo, que, de acordo com as ideias freireanas, é encontro amoroso, comunicação, confiança, relação de simpatia, relação horizontal de um com o outro. Na nossa disciplina não foi diferente. Professores e estudantes praticaram o exercício do desapego e da solidariedade, aceitando-se um ao outro, respeitando as opiniões e particularidades para que houvesse verdadeiramente o diálogo, a comunicação que humaniza e transforma. Inúmeras e gratas foram as surpresas, desde a elaboração e materialização gradativa dos compromissos de aprendizagem, passando pelos desafios (quem não se lembra da gênese/criação?), até chegar às memórias da aula anterior. Tivemos trilhas sonoras, vídeos, memoriais de vida e formação, oficinas diversas, momentos de reflexão individual e coletiva através de atividades corporais, construção de livros, elaboração de crônicas, jogos, leituras teóricas e tantas outras atividades. (...)

Em 2017 a Metadisciplina se torna uma pesquisa mais formal, com fundamentos semióticos e estrutura mais definida, ano em que os estudantes do segundo semestre do curso trazem a Metadisciplina para Projeto 2. A integração com a disciplina Elementos de Programação Visual, ministrada pelas professoras Camila Bezerra Furtado Barros e Tania de Freitas Vasconcelos, foi fundamental no processo dessa transformação estrutural.

Gratidão ao professor Guilherme Philippe Garcia Ferreira, que, recém-chegado ao curso de Design, acolheu e consentiu a Metadisciplina na parceria em Projeto 2 em 2019, e ao professor Emílio Augusto Gomes de Oliveira, que, mesmo habituado ao seu método de ensino há décadas, aceitou experimentar a Metadisciplina em Desenho de Observação em uma turma de 50 estudantes em 2019, um desafio e tanto.

Em 2017, 2018 e 2019, a professora Mariana Monteiro Xavier de Lima compartilha comigo a disciplina PP4 e, em 2018 e 2019, Projeto 2, com importantes contribuições à Metadisciplina por meio de seus questionamentos e pontos de vista nas dinâmicas com as turmas e em nossas conversas abertas, construtivas e transparentes. No período de sua licença-maternidade, em 2018, a professora Mariana foi substituída pela professora Allyneanhy, que esteve como estudante em Métodos de Representação, lá no início... uma circunvolução do tempo na pesquisa.

Agradeço também às turmas de Semiótica (2015, 2016, 2017, 2018 e 2019), Projeto de Produto 4 (2015, 2016, 2017, 2018, 2019), Projeto 2 (2017, 2018, 2019), Tópicos Avançados em Teoria e História (2018, 2019) e Desenho de Observação (2019), surpreendentes, criativas e afiadas desafiadoras.

As professoras Bernadete de Souza Porto, coordenadora de Inovação e Desenvolvimento Acadêmico (COIDEA), e Maria José Albuquerque da Silva, coordenadora da Comunidade de Cooperação e Aprendizagem Significativa (CASa - UFC), responsáveis pelo programa de formação docente, acolheram a proposta da Metadisciplina como um curso para professores em período probatório em 2019. Esse curso, vinculado a uma disciplina optativa aberta, propiciou que os professores aprendizes e os aprendizes professores Renata Braga de Sousa Cidrack, Ana Flávia Monteiro Sombra, Claudio Victor Aragão

Félix, Adson Pinheiro Queiroz Viana, Lya Brasil Calvet, Lilian Thais Fernandes Albuquerque, Cristian Silva Alves, Francisca Gleire Rodrigues de Menezes, Adriana Madja dos Santos Feitosa, Aliny da Silva Portela e Nara Jaqueline Avelar Brito criassem situações riquíssimas de partilha e aprendizagem, sem as quais não seria possível acreditar no quanto somos seres sensíveis, integrais e políticos, aptos a construir um conhecimento valioso por meio de desejos, iniciativas e boa vontade.

Formamos o primeiro grupo de pesquisa em 2017, com alguns dos coautores do livro, Alexander, Lya e Rond. Depois chegaram Eduardo, Victor e Alline em 2018, Adson e Rafaela no começo de 2019 e, no segundo semestre, quando abrimos a pesquisa para formação de professores na iniciação científica, Marina e Vitória, que não são coautoras, mas se prontificaram imediatamente em colaborar na finalização do livro. A esse grupo instigante, aliados nas descobertas intelectuais, na amizade cativada e cultivada, minha profunda gratidão.

Reconheço a importância da Pró-Reitoria de Graduação da Universidade Federal do Ceará, que possibilitou um grupo de pesquisa formado por graduandos, por meio das bolsas e seus respectivos programas: Programa de Iniciação à Docência (PID), Programa de Acolhimento e Incentivo à Permanência (PAIP), Programa de Iniciação Científica (PIBIC) e Programa Bolsa de Iniciação Acadêmica (BIA), durante a gestão do reitor Henry de Holanda Campos.

Finalmente sou grata aos professores Spencer de Moraes Pupo Nogueira, Roti Nielba Turin e Luiza de Teodoro Vieira, porque os verdadeiros mestres são como lapidação contínua no espírito da gente.

Lilu
(Anna Lúcia dos Santos Vieira e Silva)

Dos caminhos que nos levam a nós mesmos...

A arte de ensinar-aprender-pensar-querer-fazer é misteriosa. Desde sempre, a humanidade, em sua busca de sobrevivência, constrói saberes que dão sentido à sua existência. Ao longo da história, o ser humano faz dessa construção uma das tarefas imprescindíveis à sua reprodução e à produção de formas de viver, que têm a cada momento, cada época, significados bem específicos. E isso não acontece à toa. Essa é uma construção eminentemente humana, subjetiva, pessoal, intransferível e inevitavelmente coletiva.

Vivemos hoje (Brasil/Nordeste/Ceará/2020) tempos em que essa dimensão da vida coletiva assume feições obscuras e, por que não dizer, autoritárias, cerceadoras da democracia e liberdade de expressão, estas muito caras a milhares de pessoas que sempre cultivaram um *telos*/uma utopia de solidariedade, fraternidade e justiça social. Sim, caras porque custaram vidas, horas de trabalho, concretizaram anseios e quereres de um povo que, apesar de tudo, luta por dignidade na busca de ser feliz. Assim tem sido a peleja do nosso povo mais sofrido e aguerrido.

Talvez você já esteja se perguntando o que esse breve olhar a respeito da atual conjuntura tem a ver com este livro que ora apresento/prefacio. Eu diria, com convicção: TUDO! Eu talvez não consiga expressar em um texto breve, parcial e limitado a profundidade dessas conexões. Por amor à Lilu, ao Edu e a todos que concretizam, desde 2014, essa belíssima, forte e original experiência da Metadisciplina, tentarei sinceramente fazê-lo. De antemão, aviso ao leitor que – ao mergulhar no universo deste livro – é bem provável que seja preciso reavaliar vários conceitos sobre educação, aprendizagem, ensino, existência, metodologias, pensamento, ação coletiva, cooperação, escuta, acolhimento, possibilidades e consciência, dentre muitos outros que emergem em nós, fruto de nossas histórias de vida.

O Meta (assim passarei a denominar o livro) não é um livro comum. Ele é diferente na forma e no conteúdo. Na forma, mexe com cores, desenhos, formas geometricamente encantadoras e envolventes, uma leveza que salta aos olhos. No conteúdo, reflete uma construção teórico-prática densa, coerente e rica de possibilidades no campo do Design, da Didática e da Semiótica. Aliás, é impossível pensar linearmente o conteúdo do livro quando o texto frequentemente nos convida ao exame das tais "possibilidades". Como bem disse Lya, uma das bolsistas/sujeito(a)s da experiência:

> *"Em um mundo onde a tradição é constantemente empregada de má-fé, de modo a normalizar comportamentos que pouco acrescentam em nosso crescimento enquanto seres humanos, **as possibilidades são uma arma poderosa.**"* (p. 81)

É exatamente disso que trata o livro: dos poderes ocultamente explícitos das possibilidades infinitas no espaço-tempo de uma sala de aula, de uma disciplina, dos portais que se abrem quando nós fazemos algumas perguntas básicas: *"Será que isso vai dar certo? Vamos compartilhar? O que você quer aprender no escopo da disciplina?"* (Lilu, p. 28). Ou talvez indagações filosoficamente mais complexas, tais como:

> *"Quais são os parâmetros para pensarmos a educação nos dias de hoje?... Por que seria necessário a um aluno vir até a sala de aula para simplesmente obter informações que um site de pesquisa pode lhe oferecer? Por que teríamos salas de aula físicas se conteúdos podem ser oferecidos à distância? O professor aprende? O aluno ensina?"* (p. 40-41)

E assim, socraticamente, acontece todo o percurso das reflexões do Meta. Nada está definitivamente posto ou conceituado, tudo é processo e em constante mutação provisória.

A cada capítulo, um interlúdio que desenha o olhar de um dos sujeitos que foi/é protagonista da Meta(disciplina) e do Meta(livro). Ali, nas linhas do dito, as entrelinhas do vivido expressam signos diversos. As pessoas se desnudam, falam de suas viagens interiores, suas perguntas indeléveis, suas certezas quase provisórias. Do lado de cá (do leitor), fica a inexorável vontade de conversar com cada um, perscrutar desejos, ouvir mais de suas histórias de vida... uma quase vontade de fazer junto.

Ao todo, são nove capítulos que correspondem às nove diretrizes da Metadisciplina. Mas o que é mesmo a Metadisciplina? Segundo o glossário, é uma:

*"Abordagem didática que propõe a autoconstrução de uma **disciplina** (qualquer) como parte do próprio processo de aprendizagem. Considera os interesses de todos os participantes em sua **composição**."* (p. 53)

Simples assim: querer juntos, fazer juntos e pensar juntos. Eis aí os três princípios fundamentais, a partir dos quais se constroem todas as interações subjetivas vivenciadas no processo. Sem a força do querer, é impossível qualquer construção significativa. Mas também não basta querer, é preciso dar um passo adiante: fazer! Ao fazer juntos, os sujeitos necessariamente pensam juntos. QUERER-FAZER-PENSAR formam uma tríade que corresponde, por sua vez, a fundamentos basilares: SENTIMENTO-PRÁTICA-RAZÃO. Esses princípios e fundamentos se desdobram em DIRETRIZES: possibilidades, objetivos, composição – cooperação, metodologia e realização – reflexão, avaliação e consciência.

O capítulo UM faz a apresentação introdutória dos autores e, de certa maneira, espraia-se por todo o livro, ao abrir cada capítulo com uma visão a respeito da Metadisciplina enquanto espaço de cooperação e construção coletiva.

O capítulo DOIS faz uma breve síntese da Metadisciplina como uma abordagem didática. Antes, no interlúdio, Lilu, a Ariadne que faz a liga dos conceitos e das pessoas, fala de si com uma sinceridade cristalina: *"Preciso conhecer essa que sente, erra, aprende, pensa e se descobre diferente, diariamente. Sinto que a Metadisciplina também é isso, mas com uma diferença importantíssima: não sou eu, somos nós."* (p. 29)

Nesse "nós", existe ainda a possibilidade do delicioso aprendizado que vem dos estudantes. Para Lilu, eles (estudantes) são os *"inesperados tesouros escondidos em potenciais"* (p. 28). Nesse sentido, evidencia-se a proposição de que a Metadisciplina seja como um trânsito entre natureza, indivíduo e pensamento, em que as práticas sociais sejam uma mediação para a expansão do ensino e da sociedade em que se insere. Voltamos à conjuntura atual e seus desafios! Eu falei que tinha tudo a ver!!!

A abordagem surge do pressuposto de que vivemos numa sociedade em rede, inseridos que estamos em um universo aberto e flexível, na Era da Informação (CASTELLS, 1999). Ou seja, estamos imersos e definidos pelo caráter colaborativo das esferas da vida em sociedade. Isso posto, é inevitável nos imaginarmos uma ilha. Estamos, somos e seremos juntos.

O capítulo TRÊS aborda alguns pré-princípios fundamentais: 1) "ambientes de educação não podem ser ambientes de reprodução conteudística. O **conhecimento** como força motriz de desenvolvimento não só empírico, mas também cultural e humano, **reside dentro de cada um e pode ser produzido por nós, coletivamente."** (p. 41); 2) *"propomos que o **acolhimento do outro** se torne um fator que agregue à construção individual de conhecimento o crescimento compartilhado"* (p. 43); 3) *"O reconhecimento de si como indivíduo autônomo e emancipado, ainda que seja um árduo atributo a ser alcançado, é um aspecto de consciência imprescindível no objetivo de construção de ambientes educacionais participativos e criativos."* (p. 43)

Finalmente, aponta para uma conclusão fundamental: *"A função de organizar, na verdade, é designada a todos os participantes, sejam professores, monitores ou alunos, todos construtores na sala de aula do que irão, juntos, aprender."* (p. 43)

O capítulo QUATRO apresenta um GLOSSÁRIO de palavras, expressões e conceitos essenciais à compreensão da proposta da Metadisciplina. Um primor que revela especial capacidade de síntese e consistência em relação aos termos que fundamentam essa abordagem Didática.

O capítulo CINCO – ABORDAGEM – descreve teoricamente cada um dos fundamentos, quais sejam: o **Design**, a **Didática** e a **Semiótica**. Do **Design**, são utilizados três conceitos que consideram a prática como um meio, não como um fim, no intuito de orientar diferentes redes de pessoas, interesses e proposições, na busca de soluções práticas, resoluções de problemas e produção de sentido: Metaprojeto; Design Centrado no Ser Humano (Human Centered Design – HCD) e Metadesign. Partindo da necessidade de inovações em seus métodos e de um campo de referências de metodologias ativas – em que o estudante participa, escolhe e pesquisa –, a **Didática** traz o contexto em que a Metadisciplina se realiza: o processo de ensino e de aprendizagem. Assim, são trabalhados alguns conceitos básicos: objetivos, metodologia e avaliação; Quanto à **Semiótica**, a Metadisciplina utiliza a lógica triádica da semiose como estrutura e condição prévia de organização lógica, fundamento motriz de processos criativos. Segundo Charles Sanders Peirce, é possível desdobrar a fenomenologia em três aspectos: primeiridade, secundidade e terceiridade.

O capítulo SEIS aborda os MÉTODOS, em que os conceitos da Metadisciplina são traduzidos na linguagem do aprender e do ensinar. A pesquisa-ação enquanto opção metodológica retrata um modo de trazer a abordagem para dentro da sala de aula, transformando-a em realidade. O capítulo detalha o funcionamento dos módulos, dá ótimas dicas de "por onde" e "como" começar a concretizar a Metadisciplina e descreve a Ficha de Observação como recurso didático. Além disso, apresenta exemplos de métodos aplicados, combinações e técnicas. Da página 100 a 105, o texto apresenta valiosas contribuições de como aplicar técnicas preciosas no contexto da sala de aula.

No capítulo SETE é possível conhecer a história dessa construção coletiva da Metadisciplina ao longo de cinco anos em várias disciplinas na graduação e pós-graduação da UFC. Como destacado na página 114:

"A pesquisa traz à tona dados de todas as disciplinas em que a Metadisciplina já foi aplicada na busca de diretrizes que tornem possível sua aplicação em qualquer outra disciplina. Nessa etapa, o que foi prática pedagógica nos anos anteriores passa a ser um conjunto de parâmetros e dados verificáveis, e o que era contexto de pesquisa passa a ser fonte primária de informação."

O capítulo **Entrelinhas e Sentidos** (OITO) faz algumas perguntas essenciais: *"O que queremos? Para onde vamos? Como continuaremos?"*. Nesse *continuum* que marca esse momento da experiência, a Metadisciplina segue em pesquisas e aplicações. Esse capítulo traz expectativas e questões que indicam caminhos possíveis. De início, revela qual desejo conduz esse caminhar:

"Nosso desejo é que essa abordagem não suscite apenas uma reconfiguração das aulas, mas uma transformação pessoal, que instigue reflexão sobre o viver como um todo: sobre o que queremos, por que fazemos, como pensamos. Na dimensão da sala de aula, isso se traduz na maneira como um conteúdo específico é adquirido e construído e, simultaneamente, também aprendemos um pouco mais sobre quem realmente somos." (p. 124)

Finalizando, o texto convoca-nos à esperança, à ação coletiva:

"Apesar das resistências e adversidades, acreditamos que, mesmo em processos rígidos de educação, uma abordagem tão aberta é possível, se nascer do desejo e da ação coletiva. A Metadisciplina segue, em pesquisas e aplicações". (p. 127)

O derradeiro capítulo (NOVE) nos brinda com um maravilhoso mapa de referências bibliográficas, que mais parece um cardápio de deliciosas opções para esse mergulho no universo rico e plural da Metadisciplina.

Este prefácio tem de ser concluído. Não poderia deixar de registrar que me embrenhar nessa floresta de significados que este livro me possibilitou foi também um exercício de cura e viagens indescritíveis. Escrever este texto me fez revisitar os 30 e poucos anos em que estive em sala de aula como professora do Curso de Pedagogia da Faculdade de Educação da UFC. Esse mergulho interior me fez lembrar que a menina que um dia aprendeu a ler ainda habita o melhor de mim e brinca lepidamente nos labirintos da minha existência.

Volta e meia ela me lembra que a aventura do conhecimento é eterna, bela e infinita. É como bem define o texto *"Escondidos no labirinto de nós mesmos"*:

> *"Como se fosse possível concluir o que está aberto à continuidade, seguimos na tessitura das entrelinhas de nossos desejos, às vezes escondidos no labirinto do que ainda não sabemos, às vezes camuflados em críticas que se espelham no fora de nós mesmos, ou ainda no impalpável, mas explícito e claro nascer do sol em nossas consciências. A linha de Ariadne é essa mesma luz."* (p. 125)

Para concluir este texto, quero expressar minha gratidão pelo convite que me foi feito pela querida Lilu, ao mesmo tempo em que convido a minha Mestra e amiga Luíza de Teodoro, uma linda e instigante professora como poucas que já conheci na vida, quando diz que: *"não se contente com pouco, interiormente: cresça no amor, cresça no conhecimento, cresça na sua visão de mundo e saiba ouvir mais do que falar"*.

Oxalá possamos celebrar outras vivências de Metadisciplina como essas que estão descritas neste livro. Que a esperança nos guie, que o espírito da alegria nos mobilize e o amor nos faça pessoas bem melhores e mais felizes!

Tania Batista

sumário

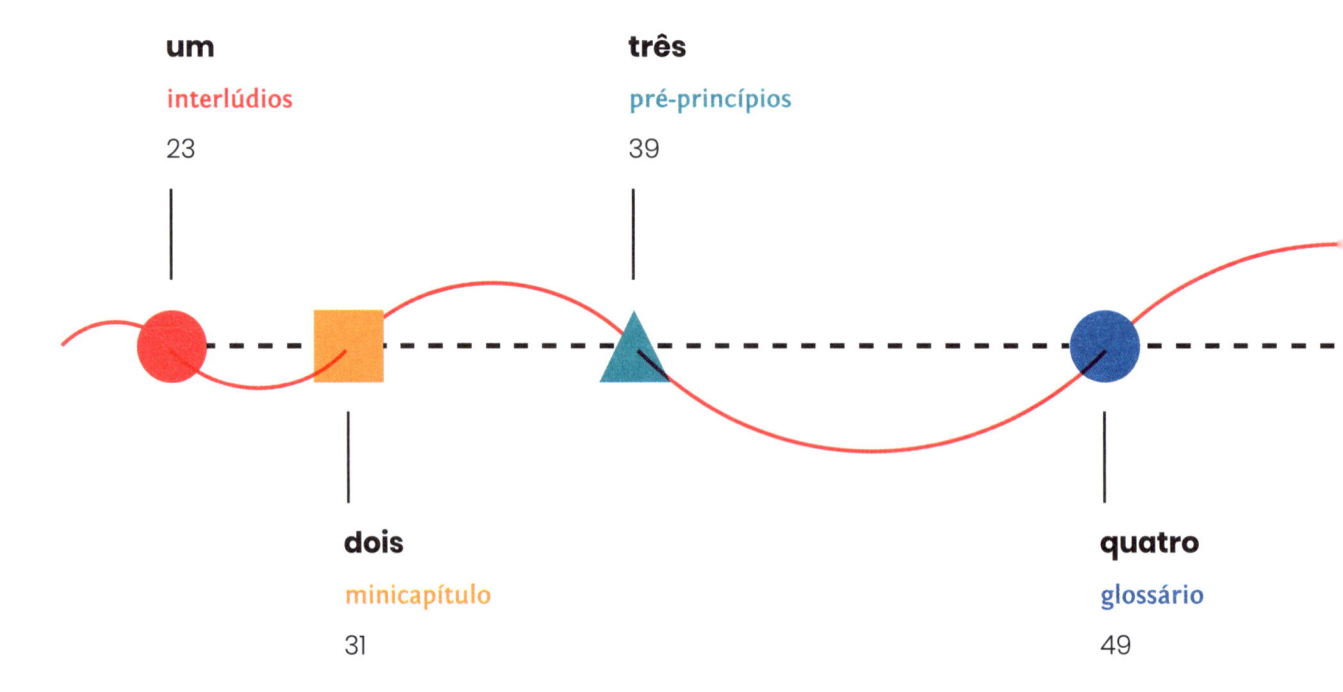

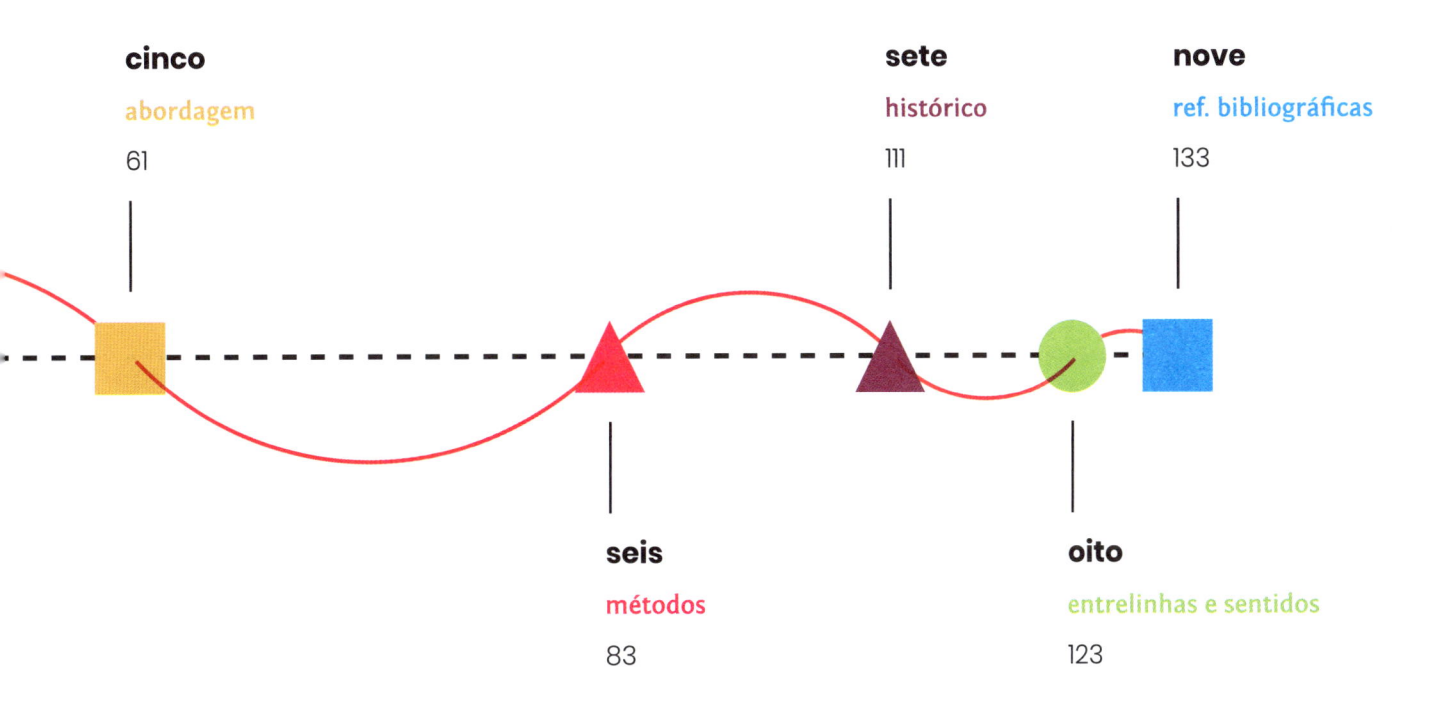

cinco

abordagem

61

seis

métodos

83

sete

histórico

111

oito

entrelinhas e sentidos

123

nove

ref. bibliográficas

133

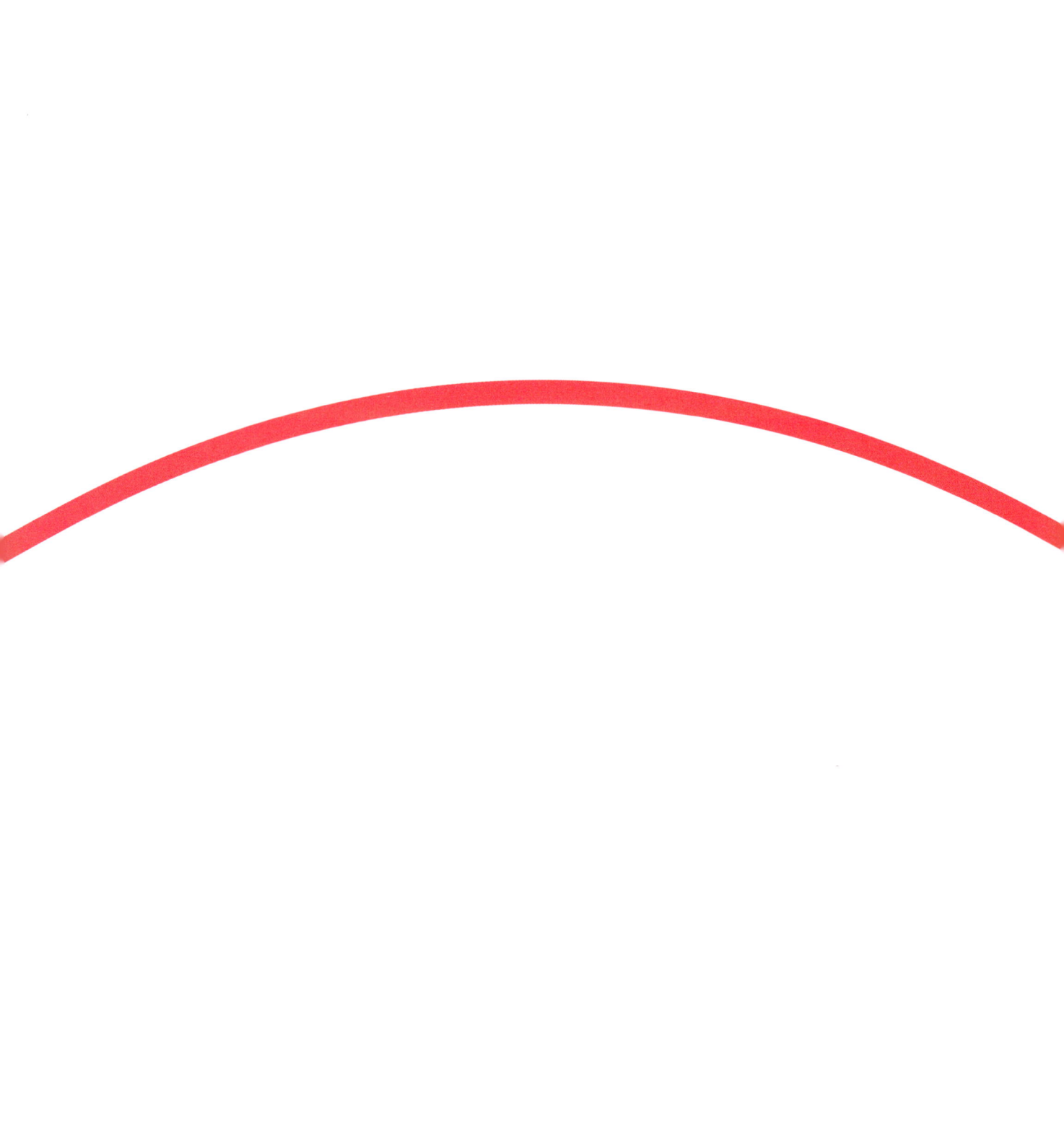

Interlúdio   Eduardo Loureiro Jr.

"

Metadisciplina. As coisas têm nomes porque é preciso chamá-las mais rapidamente. Então chamamos "metadisciplina" para não ter que chamar "aquela busca de que a nossa disciplina não seja chata, mas significativa, participativa, criativa…" O nome sintetiza, mas não se deve perder de vista (e dos demais sentidos) o espírito da coisa: a vontade de uma professora universitária que, ao fazer uma disciplina de Didática, resolve fazer alterações em suas próprias disciplinas, alterações essas que, devido às circunstâncias específicas do curso e das

personalidades da professora e dos estudantes, vai tomando um rumo, configurando uma forma a que se atribui o nome de *Metadisciplina*. E, na medida em que essas alterações começam a ir além das disciplinas isoladas da professora, chegando até as disciplinas que ela compartilha com outros professores, acrescenta-se uma dimensão de argumentação mais elaborada, de tentativa de convencimento de que tais alterações são viáveis em outros contextos, em muitos contextos. *Metadisciplina dos Santos Vieira e Silva Mendonça Catunda Carneiro Brasil*

Calvet Albuquerque Bezerra Moreira Morais Furtado Almeida Pinheiro Queiroz Viana Pedrosa Loureiro é então essa criança de nome comprido, criada nesta larga família de temperamentos tão diferentes, mas que compartilham do desejo de uma educação formal melhor.

Eduardo.

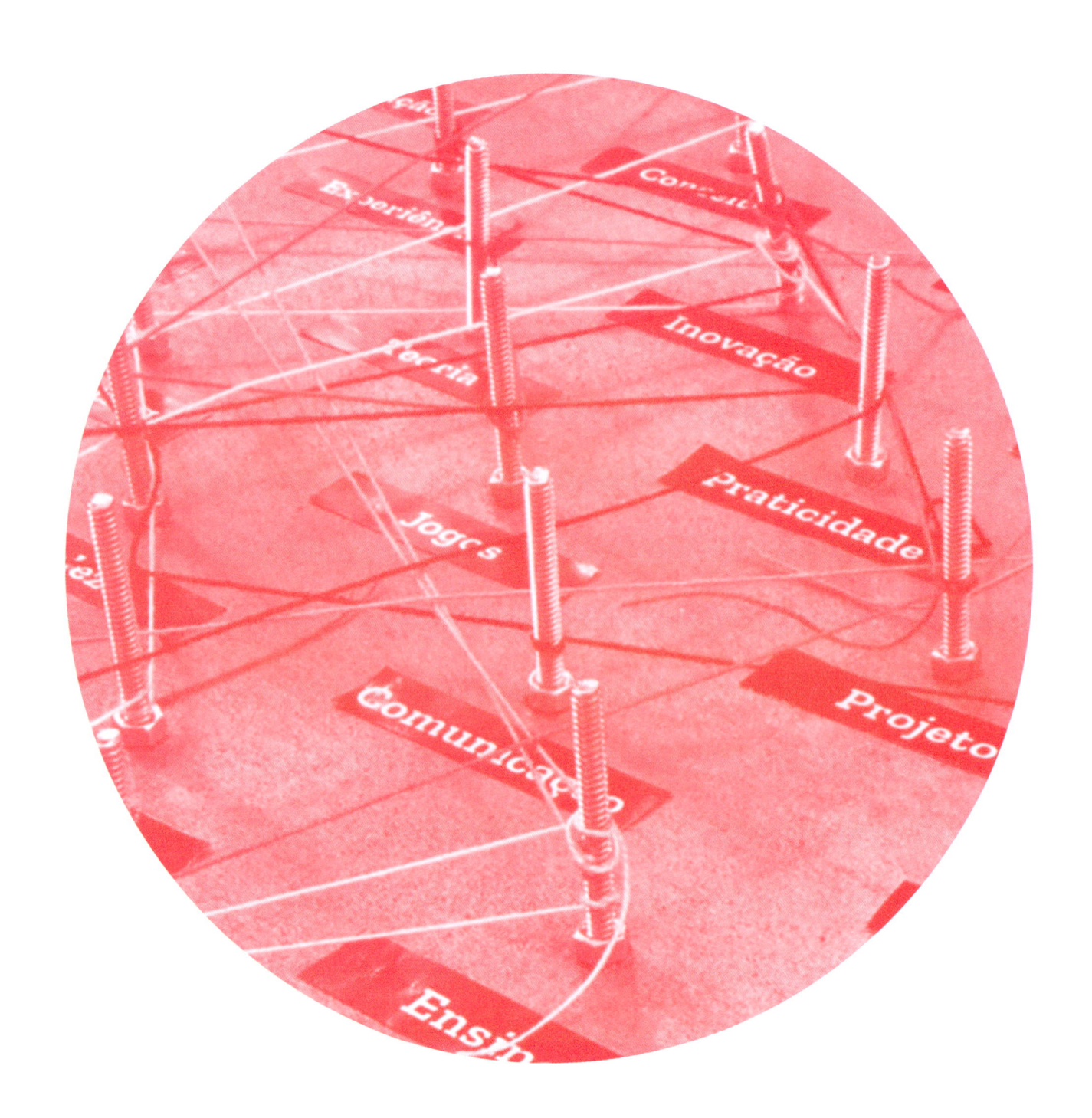

Este capítulo inicial, além de ser uma apresentação introdutória dos autores, é o ponto de vista de cada um de nós sobre o que é a Metadisciplina. Ele se esparrama pelo livro, antes das aberturas dos capítulos.

um
interlúdios

Aqui vamos expressar o que é a Metadisciplina para cada um de nós de uma forma subjetiva. Os interlúdios abrem cada um dos nove capítulos e correspondem, respectivamente, às nove diretrizes da Metadisciplina. Este primeiro capítulo, Interlúdios, representa a diretriz Cooperação. O capítulo 2, Minicapítulo, tem a cor da diretriz Objetivos. O Pré-princípios possui a cor da diretriz Consciência, e a cor da Avaliação aparece no Glossário, por ter sido uma diretriz necessária na escolha e síntese de cada termo. A diretriz Metodologia colore o capítulo Métodos, já o Histórico, capítulo 7, tem a cor da diretriz Realização. O oitavo capítulo, Entrelinhas e Sentidos, traz a diretriz Possibilidades, e as Referências Bibliográficas são da cor da diretriz Reflexão.

ADSON

Entrou na pesquisa em 2019, como bolsista de Projeto de Iniciação à Docência (PID). Experienciou a Metadisciplina em Semiótica em 2017 e em Projeto de Produto 4 em 2018. Pegou rapidamente as rédeas da editoração do livro e projetou infográficos com Alex e Victor. Gosta de Design Gráfico, Metadesign e Design Social. Com a pesquisa, aprendeu a gostar de Semiótica.

EDUARDO

Plantou a semente da Metadisciplina em 2014 quando foi professor da Lilu na disciplina de Didática. É nosso consultor de assuntos da área da Educação e nosso S.O.S. Didática. Gosta de fazer perguntas que não sabemos responder imediatamente.

ALEXANDER

Está desde 2017 na pesquisa. Participante ativo da pesquisa-ação e bolsista de Iniciação Científica (PIBIC) da Metadisciplina (2018-2019). Propôs o Glossário, contribuiu especialmente nos métodos e infográficos. Gosta de pensar, de Semiótica, de jogos de tabuleiro e de Design de Informação. É designer de jogos.

LILU

Criou o termo e as primeiras experiências de Metadisciplina em 2014, quando teve aulas de Didática pela primeira vez (em 17 anos de docência, na época). Gosta de falar, interagir e faz muitas coisas ao mesmo tempo, inclusive esta descrição dos autores do livro.

ALLINE

Entrou em 2018 como bolsista de Apoio a Projetos de Graduação (PAIP). É craque em reconhecer falhas e brechas no processo da pesquisa. Gosta de escrever, de Semiótica, de Design Gráfico, dos construtivistas soviéticos e de Design Centrado no Ser Humano (HCD). Quer seguir a carreira acadêmica.

LYA

Está desde 2017 na pesquisa. Participante ativa da pesquisa-ação e bolsista PID da Metadisciplina em 2018. Fez uma história em quadrinhos sobre a Metadisciplina, como Trabalho de Conclusão do Curso de Design da UFC. Traduz nossos conceitos em imagens didáticas e poéticas. Gosta de Semiótica, de escrever e de desenhar. É designer e ilustradora.

MARINA

Chegou à pesquisa no segundo semestre de 2019, como bolsista PIBIC, nessa nova fase, em que a Metadisciplina se amplia na formação de professores. É instigada, já chegou com a mão na massa da editoração do livro, tem boa vontade e um sentido apurado de organização.

RAFAELA

Entrou na pesquisa no início de 2019, como bolsista PID. Participou como monitora nas metadisciplinas em Semiótica e em Desenho de Observação em 2019. Gosta de muitas coisas na pesquisa e quer auxiliar em todas.

ROND

Veio para a pesquisa da Metadisciplina em 2017, com a Lya e o Alex. Em 2017 foi bolsista de uma pesquisa que relacionou Metadisciplina com Semiótica. Em 2018 passou um tempo entre idas e vindas no grupo de pesquisa, mas voltou em 2019. É autor do personagem Cabeça de Passarinho, que nasceu de um projeto em uma aplicação de Metadisciplina em 2018. Gosta de semiótica e de ilustrar.

VICTOR

Começou a pesquisar Metadisciplina em 2018, como bolsista PID, e em 2019 esteve com a bolsa PAIP. Tem o dom do devaneio e, paradoxalmente, expertise em atenção concentrada. Gosta de Semiótica, faz infográficos e nos conduz em viagens cósmicas transcendentais.

VITÓRIA

Entrou no fluxo intenso de finalização do livro, no segundo semestre de 2019, como bolsista de iniciação científica. Foi selecionada por sua carta de intenção, em que expressa sua vontade de seguir carreira acadêmica, e entende a pesquisa como uma oportunidade e um primeiro passo nessa jornada.

Interlúdio Anna Lúcia

"

Quando tudo isso começou, eu não tinha a menor ideia de que estaria escrevendo o interlúdio de um livro sobre Metadisciplina agora. Assim como não sei o que será o resultado de uma metadisciplina aplicada quando ela inicia, nem como será o fim deste texto. Muitas coisas são assim na minha vida: tenho o ímpeto de fazer e descubro o que é no processo do vir a ser. Olho pra trás e reconheço a importância de uma postura interior otimista, aberta e de boa vontade, sem medir esforços. Será que isso vai dar certo? Vamos compartilhar? O que você quer aprender dentro do escopo da disciplina? Normalmente começamos assim. Muitas vezes me perguntei se valia a pena abrir tanto a proposição do aprender nas veredas dos quereres, e me deparei em todas elas com o delicioso aprendizado que veio dos estudantes: inesperados tesouros escondidos em potenciais. Claro que houve antagonismos, resistências, preguiça, medo, insegurança, posicionamentos passivos de

quem espera a ordem do que se deve fazer, talvez fruto de uma domesticação quase irresponsável a que o ensino tradicional induz. Outras vezes achei que estava enganada, mas não tinha mais volta, a única coisa que eu podia fazer era reconhecer o engano e transformá-lo em aprimoramento com o grupo, porque a Metadisciplina transformou estruturalmente a professora que morava em mim. Preciso conhecer essa que sente, erra, aprende, pensa e se descobre diferente, diariamente. Sinto que a Metadisciplina também é isso, mas com uma diferença importantíssima: não sou eu, somos nós. Tudo nela é juntos, com respeito e acolhimento às individualidades, como numa dança livre, em equilíbrio dinâmico e acordo tácito entre som e movimento: posso rodopiar, colorida e estroboscópica enquanto você se dilata na câmara lenta e escura de um misterioso butô. O que é dar certo?

Hoje vejo a Metadisciplina toda ajeitada, com fundamentos, princípios e diretrizes, numa estrutura dinâmica e flexível, depois de cinco anos infinitos de experimentações e pesquisas. Amor incondicional ao grupo de pesquisa. Gratidão imensa aos docentes, monitores e estudantes que acolheram a proposta ainda em processo de experimentação. Sinto que ela mora em mim não mais como a abordagem de uma professora que mudou sua maneira de ser, mas como uma força motriz, micropolítica, que me abraça por dentro e abrange com otimismo, abertura e boa vontade o que pode vir a ser. Acredito que isso é dar certo.

Lilu.

29

Síntese da Metadisciplina como uma abordagem didática.

dois
minicapítulo

1
Para Anthony (1963, p. 63–64), uma abordagem é "um conjunto de pressupostos correlatos que lida com a natureza do ensino e da aprendizagem".

2
"Como promoção positiva no projeto como um todo, deve-se ter como meta que um projeto de pesquisa-ação: 1 – trate de tópicos de interesse mútuo; 2 – baseie-se num compromisso compartilhado de realização da pesquisa; 3 – permita que todos os envolvidos participem ativamente do modo que desejarem; 4 – partilhe o controle sobre os processos de pesquisa o quanto possível de maneira igualitária; 5 – produza uma relação de custo-benefício igualmente benéfica para todos os participantes; 6 – estabeleça procedimentos de inclusão para a decisão sobre questões de justiça entre os participantes." (TRIPP, 2005, p. 455)

3
MORAES, 2010, p. 29

A Metadisciplina é uma abordagem didática[1], uma concepção a respeito da educação e das práticas de ensino e aprendizagem. Seu objetivo é propor disciplinas que se criam, se constroem e se pensam enquanto são realizadas, em um processo criativo e participativo. Durante o processo de formação da abordagem, o método aplicado foi a pesquisa-ação[2], o que possibilitou a transformação da sala de aula em um laboratório onde as análises e aprimoramentos contínuos fizessem vir à tona uma estrutura flexível, com fundamentos, princípios e diretrizes – definidos mais adiante neste livro.

Meta é mira, intenção, propósito, desígnio, querer, sonho. Meta, como prefixo, traz também o sentido de autorreflexão, de transcendência.

"[...] volta da consciência do espírito, sobre si mesmo, para seu próprio conteúdo por meio do entendimento, da razão"[3]. Nesse sentido, a Metadisciplina é uma abordagem que se reflete. Refletir-se traz um duplo sentido de reflexo: uma reflexão racional sobre si e um espelhamento. Na reflexão sobre si, surgem as perguntas: como elaborar uma disciplina acadêmica juntamente com quem está envolvido nela (professores, estudantes, monitores)? Como incluir conteúdos de interesse dos participantes no universo do tema estudado e definido em uma ementa? Com que métodos desenvolver um processo pedagógico que engendra a si mesmo?

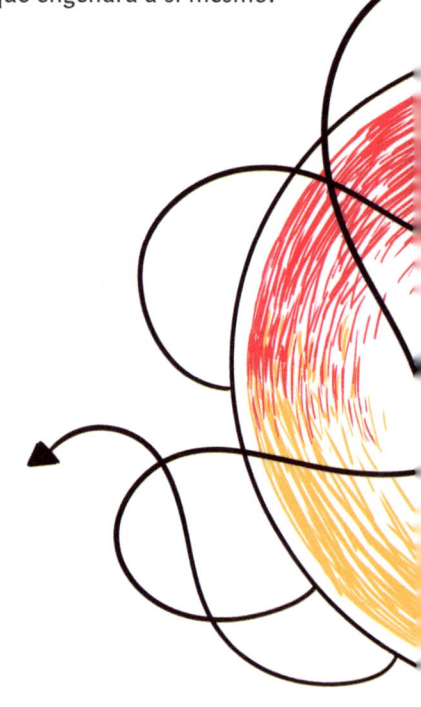

Refletir-se também significa o espelho que é voltado aos aprendizes, que se tornam corresponsáveis no desenvolvimento da Metadisciplina, no reconhecimento de seus interesses e na consequente construção de seu próprio conhecimento. Nesse sentido, a proposição de uma Metadisciplina cria uma rede de relações no ambiente de ensino e aprendizagem: entre alunos e alunos, professores e alunos, com um potencial de que a transformação pela partilha alcance aspectos sociais, em um sentido micropolítico[4], de iniciativa autônoma[5]. Sob esse ponto de vista, a Metadisciplina propõe que trabalhos acadêmicos não sejam vistos como um objeto ou "coisa" final, mas sim como um trânsito entre natureza, indivíduo e pensamento, em que as transformações e mudanças de práticas sociais são uma mediação para toda a expansão atual do ensino e da sociedade em que se insere[6].

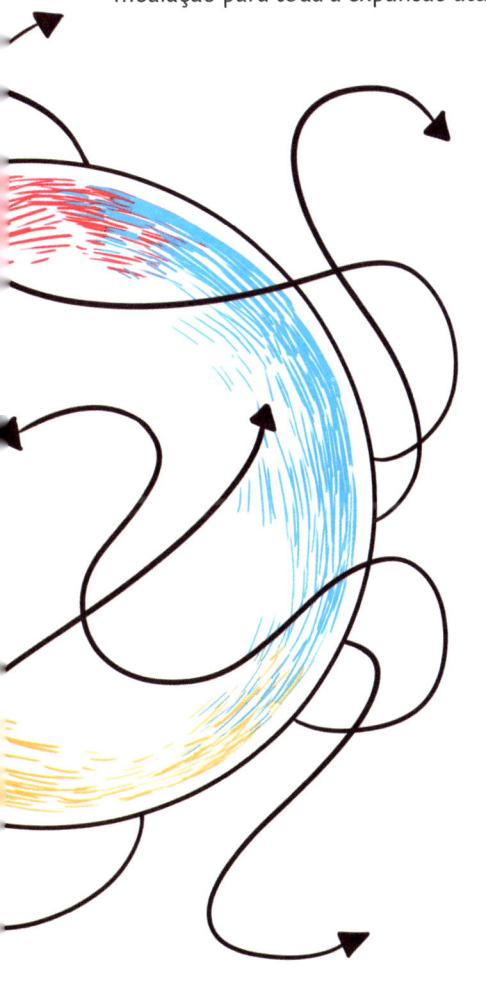

[4] "A problemática micropolítica não se situa no nível da representação, mas no nível da produção de subjetividade. Ela se refere aos modos de expressão que passam não só pela linguagem, mas também por níveis semióticos heterogêneos. Então, não se trata de elaborar uma espécie de referente geral interestrutural, uma estrutura geral de significantes do inconsciente a qual se reduziriam todos os níveis estruturais específicos. Trata-se, sim, de fazer exatamente a operação inversa, que, apesar dos sistemas de equivalência e de tradutibilidade estruturais, vai incidir nos pontos de singularidade, em processos de singularização que são as próprias raízes produtoras da subjetividade em sua pluralidade". (GUATTARI; ROLNIK, 1996, p. 28)

[5] "(...) Ensinar não é transferir a inteligência do objeto ao educando, mas instigá-lo no sentido de que, como sujeito cognoscente, se torne capaz de inteligir e comunicar o inteligido" (FREIRE, 2015. p. 134–135)

[6] Latour (2014) contribui para a elaboração desse pensamento. Ao falar sobre objetos de design, defende que estes devem ser vistos não como elementos avulsos, exteriores ao ser humano, mas sim como extensões de nosso próprio corpo e mente.

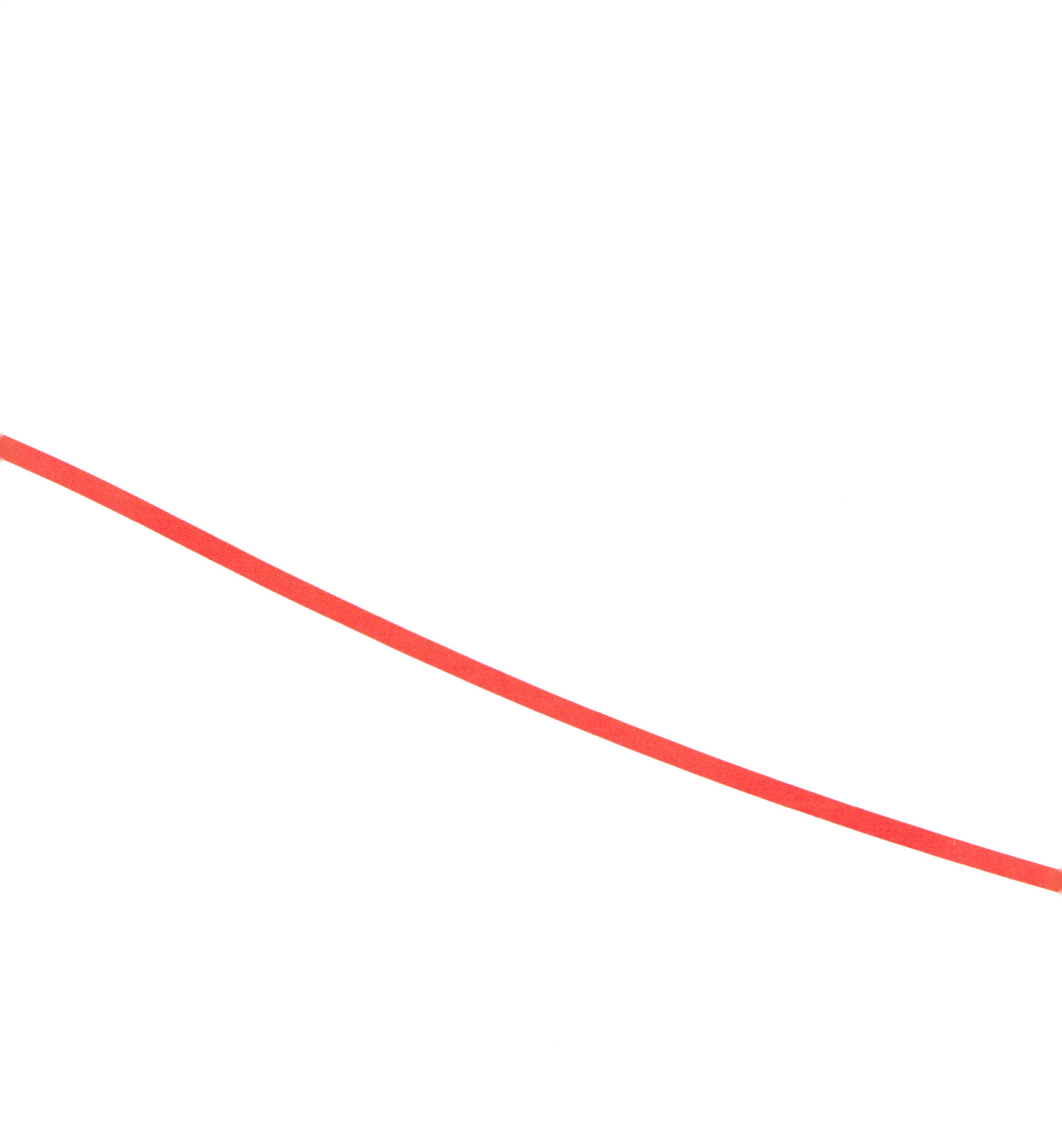

Qual a resposta que você procura agora? Qual a pergunta que você deixou de fazer por duvidar de si mesmo? Eu tenho a minha: por que não faço o que eu quero? E a resposta que procuro, eu já tenho: porque acreditar em si mesmo é um desafio eterno. É por isso que às vezes é tão difícil acreditar no que fazemos, no que somos, na importância das nossas ações. Sem perceber, tudo o que realizamos com o coração é potencialmente transformador em qualquer sentido. Mas a transformação só acontece quando temos o desejo dentro de nós. Querer juntos, fazer juntos, pensar juntos. Eu sou também parte da minha transformação, assim como você, os meus colegas, os meus professores e os meus conselheiros. A mesma coisa com você, eu também sou parte do seu aprendizado, da sua mudança

e do seu crescimento. Mas antes da transformação, é preciso ter a intenção. E o que melhor do que o resultado do esforço diário como instrumento para nos fazer acreditar que, sim, é possível ser diferente, é possível buscar uma alternativa e é possível abraçar o próximo? É possível estar numa sala de aula e sentir que você faz parte das decisões tomadas, que você pode expressar o que acredita e que a horizontalidade permite que a sua voz seja tão relevante quanto a do seu colega, do seu monitor e do seu professor. E o quão gratificante é ver esses resultados que refletem os quereres em consenso. Ver que não apenas a ementa foi o objeto da disciplina, mas que a troca de saberes levou a um aprendizado real e humano a quem participou ativamente, enriquecendo a experiência. Mas essa é minha perspectiva como aluna e contribuinte da pesquisa em Metadisciplina. Um dia eu serei uma educadora, meus anseios serão diferentes, minhas noites mal dormidas serão por outros motivos, mas sei que, no final, minha pergunta do início dessa jornada não foi irrelevante. Assim como nenhum questionamento é. Por que não fazemos o que queremos? Porque acreditar em nós mesmos será sempre um desafio, mas podemos vencer ao lado dos que acolhem nossas peculiaridades e acreditam em nós.

Alline.

O nome deste capítulo diz respeito ao que vem antes da abordagem existir: o contexto, os parâmetros para pensarmos a educação nos dias de hoje e o que precisamos para que a Metadisciplina possa acontecer.

três
pré-princípios

[1]
CASTELLS, 1999.

[2]
CAMPOS *et al*, 2003.
TORRES, 2004.

[3]
ACASO *et al*, 2015.
FREIRE, 2015.

Os pré-princípios contemplam elementos que vêm antes da abordagem existir. Antes não apenas em um sentido cronológico, mas na configuração do ambiente que já existia e que motivou seu vir a ser. Em que contexto surge essa abordagem? Quais são os parâmetros para pensarmos a educação nos dias de hoje? O que precisamos observar para que uma proposição como a Metadisciplina tenha sentido?

Estamos inseridos em um universo aberto e flexível, na Era da Informação[1]. A conectividade trazida pelos meios digitais traz uma necessidade de entender as ações humanas e suas implicações enquanto sistemas, com a noção de que cada parte é essencial para o funcionamento do todo. Este entendimento nos permite perceber a importância do caráter colaborativo em todas as esferas da vida em sociedade. Na educação, a importância das relações nos sistemas de aprendizado é traduzida em teorias que apontam para metodologias ativas, como a aprendizagem cooperativa[2]. São várias as pesquisas que contribuem para sua compreensão, embora todas tenham em comum o mesmo objetivo: considerar todos os indivíduos envolvidos no processo pedagógico como agentes ativos na construção do conhecimento[3].

Ainda que esses conceitos sejam lógicos para pensar a educação nos dias de hoje, as metodologias didáticas ainda adotam, em sua maioria, velhos parâmetros: o professor como detentor do conhecimento e os estudantes como receptores passivos é o que mais se vê nas escolas. A disposição convencional do espaço da sala de aula, por si só, indica uma hierarquia dentro dos papéis, em que o professor "professa" na frente, em um ponto focal, em pé, com os olhares de todos os estudantes, sentados, direcionados a ele. Contudo, todo indivíduo carrega consigo uma série de vivências singulares e conhecimentos prévios que podem ser, inclusive, a respeito do assunto abordado em aula. Esses repertórios, que poderiam contribuir para o aprofundamento da disciplina, muitas vezes são esquecidos e substituídos pela ideia de um conhecimento definido pela ementa e transmitido pelo professor, o que resulta em um exercício antirreflexivo[4], tanto para o docente quanto para o discente, limitados aos papéis de "um ensina e o outro aprende".

Esse panorama nos leva a um questionamento a respeito do modelo de classe e de sala de aula tradicionais. Tendo em vista o caráter das redes na contemporaneidade, grande parte dos alunos possui acesso ao universo de informações das plataformas virtuais, que possibilitam um aprendizado autônomo em diversas áreas. A partir do momento em que o processo educativo não está aberto para produção compartilhada de conhecimento e se compromete apenas em reproduzir o que já está estabelecido, a educação corre o risco de estagnação e obsolescência: se é possível acessar a informação por meio da internet, no que o ambiente da sala de aula pode acrescentar? Quais seriam, então, os papéis dos estudantes e dos professores?

Não oferecer o que o Google oferece ou oferecer o que o Google não oferece

O reconhecimento de que a busca por fatos objetivos e comprovações fixas de aprendizagem não são mais o desígnio da sala de aula atual é um forte indicativo do quanto abordagens e metodologias didáticas inovadoras são mais do que nunca necessárias. Não somente para criar ambientes de aprendizado produtivos, mas também para se reconhecer a necessidade de construirmos juntos nossas produções de conhecimento – na sala de aula e em qualquer ambiente.

Por que seria necessário a um aluno vir até a sala de aula para simplesmente obter informações que um site de pesquisa pode lhe oferecer? Por que teríamos salas de aula físicas se conteúdos podem ser oferecidos a distância? O professor aprende? O estudante ensina?

Todos esses questionamentos culminam na conclusão de que ambientes de educação não podem ser ambientes de reprodução conteudística. O conhecimento como força motriz de desenvolvimento não só empírico, mas também cultural e humano, reside dentro de cada um e pode ser produzido por nós, coletivamente.

Dessa forma, percebemos o que pessoas, cidadãos, indivíduos, participantes, sociedade ou qualquer outra denominação do que sejamos como coletivo pode oferecer: humanidade. Humanidade aos processos educacionais.

[4] "Y todo esto ocurría porque no existía otro imaginario, me era imposible visualizar que dar clase de otra manera era necesario: existía un marco incuestionable, una forma de hacer única, una verdad absoluta. Así que este ejercicio antirreflexivo de la pedagogía, un ejercicio reproductor y tóxico, siguió repitiéndose durante cuatro años (...) Hasta que decidí salir de mi zona de confort." (ACASO, 2015, p. 21).

Tradução: "E tudo isso acontecia porque não havia outro imaginário, era impossível para mim visualizar que dar aula de outra maneira era necessário: havia um quadro inquestionável, um modo único de fazer, uma verdade absoluta. Portanto, esse exercício antirreflexivo da pedagogia, um exercício reprodutivo e tóxico, continuou a se repetir por quatro anos (...) Até que decidi sair da minha zona de conforto." (ACASO, 2015, p. 21).

Disposição a diálogos e horizontalidade de saberes compartilhados

Uma aula é um sistema de representação[5] e, como tal, tem potencialidade para assumir diversos sentidos. Na Metadisciplina, queremos alcançar essa pluralidade de significados, mas para isso precisamos acolher as trajetórias e repertórios individuais. Não se trata de um exercício de transformação, mas de reconhecimento: imagine uma peça de teatro, em que há espectadores e atores. Agora, imagine uma redistribuição de papéis: todos passam a ser atores e espectadores ao mesmo tempo[6]. Em uma classe em que a Metadisciplina está sendo aplicada, somos atores porque agimos como protagonistas de nossa história, e espectadores porque acolhemos a história do outro. Independentemente de sermos professores ou alunos, todos se tornam aprendizes, com a simples disposição de escuta e acolhimento. Quando professores e alunos são definidos simultaneamente como espectadores e atores, aprendizes e educadores, é possível identificar um tipo de igualdade nas diferenças: todos somos igualmente capazes de ensinar e de aprender na construção e na reconstrução de saberes[7]. Nesse ponto de vista, podemos entender a aula como uma série de relações horizontais, embora não planas.

As experiências e os interesses pessoais devem ser trazidos à luz por meio da constatação de singularidades. A diferença, então, torna-se o ponto de partida para tornar as classes mais instigantes e produtivas por meio de reflexões, questionamentos, debates e, principalmente, partilhas. Entendemos que a construção de conhecimento individual é um processo contínuo e muitas vezes solitário, mas propomos que o acolhimento do outro se torne um fator que agregue à construção individual de conhecimento o crescimento compartilhado. Nas metodologias ativas, o funcionamento desse crescimento encontra um aspecto-chave na pertença em relação ao ambiente de aprendizado. O estudante deve ter a oportunidade de exprimir seus próprios valores e interesses durante o processo e, assim, incorporar sua identidade no conhecimento que produz e se identificar com outros participantes. Esse sentido de pertencimento nas relações cooperativas[8] permite um desenvolvimento da sensibilidade social: quando todos têm abertura para incluir seus pontos de vista, as soluções coletivas contemplam uma miríade de perspectivas e se tornam mais completas e assentadas na realidade.

Aqui se responde a pergunta sobre para que serve a sala de aula se podemos aprender na internet: a sala de aula pode ser um ambiente de partilha ideal para a construção compartilhada de conhecimentos.

[5] ACASO, 2015.

[6] RANCIÈRE, 2008.

[7] FREIRE, 2015.

[8] JOHNSON, David W.; JOHNSON, Roger T., 1987, p. 27–30.

Proatividade dos participantes, autonomia e corresponsabilidade no processo de construção de conhecimentos

Muitos estudantes se colocam em um lugar passivo de observadores e reagem a proposições participativas com resistência. Seria pela insegurança vinda da domesticação do ensino tradicional? Seria por que em muitas metodologias atuais eles são coagidos a reproduções mecânicas de conteúdos? É mesmo mais fácil cumprir uma ordem dada e passar de ano? Como a submissão pode se contrapor a questionamentos fundamentais como "o que eu sei sobre isso" ou "o que eu quero aprender"?

O reconhecimento de si como indivíduo autônomo e emancipado, ainda que seja um árduo atributo a ser alcançado, é um aspecto de consciência imprescindível no objetivo de construção de ambientes educacionais participativos e criativos. Talvez uma estrutura em que a proposta do desenvolvimento da autonomia e da autogestão estejam pautadas em um planejamento aberto seja uma forma de lidar com esse problema. Mas, para que essa proposição se concretize, cabe aos participantes as iniciativas de se abrir a novos saberes e de se engajar na construção compartilhada de conhecimentos, aula a aula.

Professores, mediadores e facilitadores sensa(L)tos

Se estamos tratando de pré-requisitos para uma metadisciplina acontecer, precisamos falar sobre o posicionamento de professores. Para que a aplicação de inovações didáticas se consolide firmemente, é importante o reconhecimento de que um professor precisa abrir mão dos pseudos "lugar central", "detenção de conhecimento" e "controle de todos os processos de aprendizado" dentro da sala de aula. Precisa descer do salto, do patamar superior, do palanque e reconhecer definitivamente que está também em processo de aprendizagem, que é um aprendiz, que os estudantes que compartilham do processo de ensino e de aprendizagem certamente possuem o que dizer, o que ensinar, independentemente de quem sejam. Isso configura a posição do professor como um organizador do ambiente e mediador dos processos. A função de organizar, na verdade, é designada a todos os participantes, sejam eles professores, sejam monitores ou alunos, todos construtores na sala de aula do que irão, juntos, aprender.

43

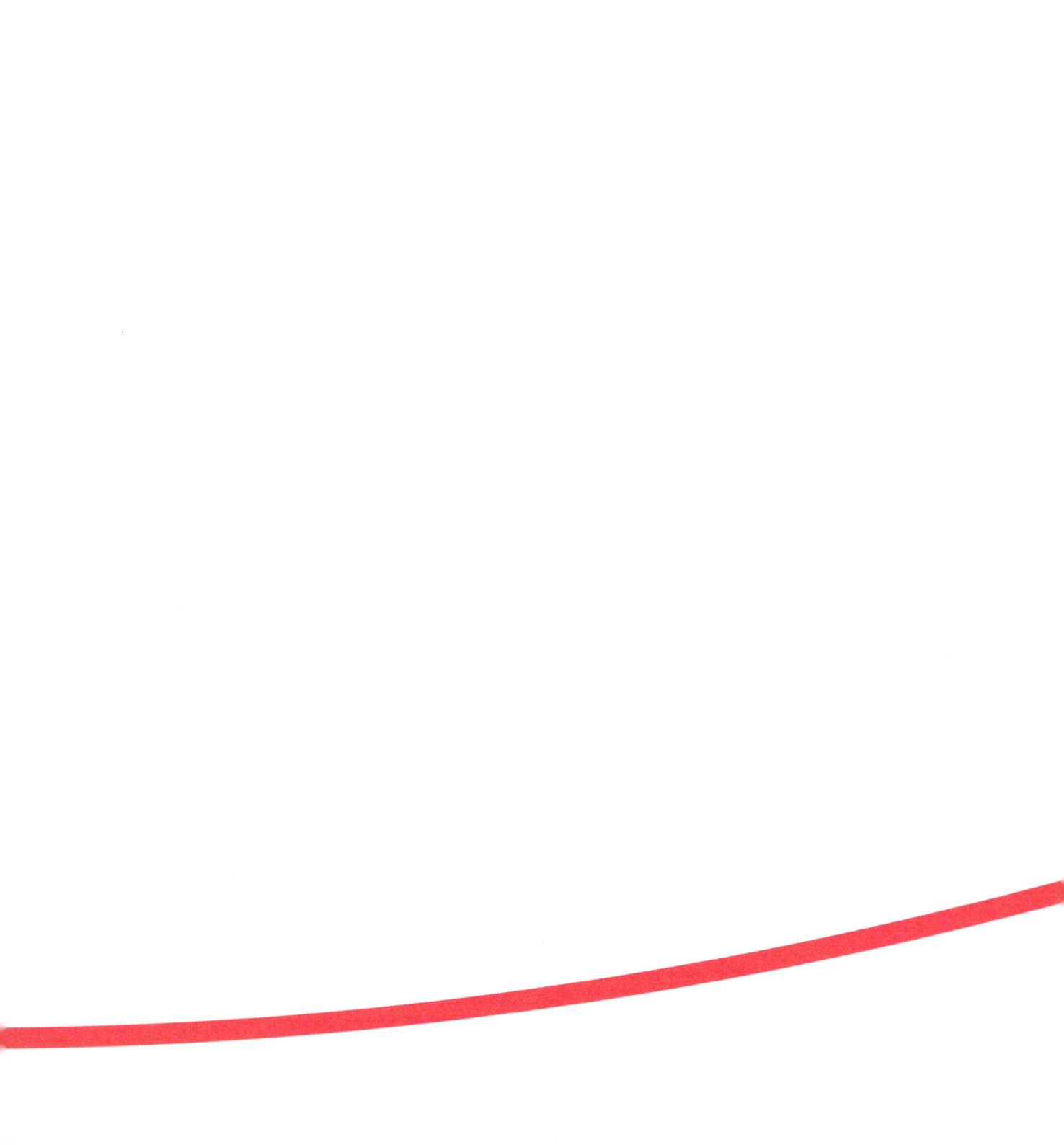

Interlúdio Rondney Mendonça

Nós começamos a experimentar o mundo antes mesmo de nascer; nossos sentidos são despertados desde o ventre: sons, toques e até emoções já começam a compor nosso repertório antes mesmo de vermos o mundo lá fora. Ao nascer, esse constante acúmulo de experiências só aumenta; à medida que os anos passam, essa soma de informações cresce gradativamente em cadeias cada vez mais complexas.

Se nas pontas dos nossos dedos possuímos as digitais que nos identificam como seres únicos, talvez em nossa personalidade seja esse repertório de experiências que nos permite sermos diferentes uns dos outros. Então, como ignorar algo tão marcante em nós? Como os locais destinados à aprendizagem, seja a universidade sejam as escolas, podem tratar com indiferença toda a riqueza de informação que uma sala de aula cheia de diferentes histórias pode trazer?

Esse foi um ponto que me frustrou durante os primeiros anos de graduação, o fato de ser tratado como uma folha em branco, cuja única função era obedecer sem contestar, enquanto meu conhecimento acumulado durante a vida era ignorado, mesmo que na época eu não soubesse que era esse o motivo exato de minha frustração. O contato com a Metadisciplina nos leva a um processo profundo de autoconhecimento, pois ela exige que mergulhemos dentro de nós mesmos e busquemos por aquilo que nos inquieta, aquilo que nos impulsiona a continuar. Ao trabalhar com aquilo que te motiva, ao fim de uma metadisciplina, nos vemos naquilo que foi produzido durante a mesma, o que nos dá satisfação e orgulho daquele resultado final. Isso vai além de nota alta ou baixa, isso derruba qualquer relação de competição que exista entre os alunos, pois cada um se sente vitorioso por concluir seu processo à sua maneira e, talvez o

mais importante, isso faz com que aquele resultado final não seja mais um trabalho feito simplesmente para receber uma nota e que será jogado no lixo ou esquecido pelo aluno, mas que seja algo que o transformou intimamente como aluno, como profissional e como ser humano.

Rond.

47

", VERBARE"
└→ PALAVRA.

...GNO LINGUÍSTICO DA
COMUNICAÇÃO.

→ [ALFABETO] → SISTEMA DE SINAIS

↓

LETRAS

↓

PALAVRAS ⇒ FRASES

→ MORFOLOGIA E SINTAXE

→ LINGUAGEM POÉTICA

→ ESCRITA E ORALIDADE

- GRAMÁTICA
...EMA
...MA

↳ VOCABULÁRIO
↳ IDIOMAS
↳ SINTAGMA
...GÊNERO TEXTUAL

COMUNICAR

- FUN...
- forma
- utilidade
- cores
- estética
- textura
- material
- usabilidade

...TA...
...GtE...

@sanink
PINTURA

@art_bit_ @_frankiart

- FORMA DE EXPRESSÃO
- DIAGRAMA (BACON/ROBERTO
- COR
- PIGMENTOS
- PINTURA DIGITAL

L'

- "NEM TODA ILUSTR...
MAS TODA PINT...

- DIFER...

Uma forma objetiva de sintetizar os conceitos abordados na Metadisciplina e no livro. As definições são de autores das áreas correspondentes ou da própria pesquisa. Tudo que estiver destacado em alguma definição tem sua própria definição neste mesmo glossário.

quatro
glossário

A

Avaliação

Verificação da aprendizagem em relação aos objetivos. Se dá em três etapas para cada objetivo: inicial (Avaliação Diagnóstica), processual (Avaliação Formativa) e final (Avaliação Somativa). Além da avaliação numérica, há também a constatação subjetiva e a objetiva de que certo conteúdo foi apreendido.

Avaliação Intermediária

Resultado de uma etapa do processo de uma metadisciplina. Ponto de passagem de um módulo a outro nos *métodos* da *Metadisciplina*. Garante o andamento e confere o desenvolvimento do processo em um momento analítico e reflexivo. É bom estar programada na *composição*.

Abordagem

Conjunto de conceitos e pressupostos correlatos que definem uma concepção teórica, no caso, didática[1].

Autonomia

Desenvolvimento da própria subjetividade. Independência, emancipação. Posicionamento a ser cultivado. Condição para uma educação libertadora[2].

C

Composição

Uma diretriz da *Metadisciplina*.
Estrutura organizada de elementos selecionados a partir de consensos e acordos. Definições, planejamentos e organizações participativas relativas à *disciplina*.

Consciência

Uma diretriz da *Metadisciplina*.
Pensar autônomo e comprometido, que leva ao engajamento democrático e dialógico[3].

Cooperação

Uma diretriz da *Metadisciplina*.
Encontro no qual duas ou mais pessoas se reúnem e interagem a fim de fazer algo que todas reconhecem como um valor [4].

[1]
ANTHONY, 1963, p. 63-67.

[2]
FREIRE, 2015.

[3]
STRECK; REDIN; ZITKOSKI, 2015.

[4]
MANZINI, 2017, p. 107

D

Design Centrado no Ser Humano (HCD)

Processo de Design com métodos e técnicas baseados na cooperação, "que dará voz a comunidades e permitirá que os desejos destas orientem a criação e implementação de soluções"[5].

Disciplina

Matéria, área de estudo ou curso a cujo conteúdo aquele que aprende deve se adaptar[6].

Diretrizes

O que indica o rumo. Nove diretrizes compõem a *abordagem* da *Metadisciplina*, como elementos responsáveis pela dinâmica de sua *realização*. Quando em dúvida sobre o que é a Metadisciplina, devemos sempre voltar a elas.

Didática

Arte de ensinar e aprender. Ciência que estuda a organização dos processos de ensino e de aprendizagem[7].

Design

Projeto, cultura e prática que investiga e concretiza o modo como as coisas – sejam elas materiais, sejam imateriais – devem ser, a fim de alcançar as funções e os sentidos desejados[8].

[5] IDEO, 2009, p.3.

[6] CASTELLO; MÁRSICO, 2007.

[7] SCHMITZ, 1993.

[8] MANZINI, 2017, p. 107.

E

Educação

Processo permanente e coletivo de busca da plenitude humana, mediatizado pelo mundo[9].

Ensino e aprendizagem

Prática educativa em favor da construção do conhecimento e desenvolvimento da autonomia de professores e alunos[10].

Experiência

Colocar a mão na massa, fazer acontecer uma teoria, trazer para o campo fenomenológico e prático uma ideia. Dar corpo, forma, tempo, espaço e vida ao que queremos descobrir.

F

Fazer Juntos

Um dos *princípios* da *Metadisciplina. Participação* deliberada direcionada a descobertas por meio de interações com a realidade e com o grupo. *Experiência* compartilhada.

Ficha de Observação

Dispositivo gráfico e *recurso* didático utilizado para checar níveis de aprendizagem e conhecimentos trabalhados durante a aula.

Fundamentos

As três áreas do conhecimento que são a base estrutural da *Metadisciplina: Design, Didática* e *Semiótica*.

9
STRECK; REDIN; ZITKOSKI, 2015.

10
FREIRE, 2015.

H

HCD

Ver *Design Centrado no Ser Humano.*

M

Metadesign

Proposição que reflete o alcance e as implicações sociais do Design no contexto em que o projeto será inserido. "Processo pelo qual uma entidade projeta a si mesma. (...) a criação de uma entidade por meio de operações que ela engendra em si mesma"[11].

Meta

Mira, intenção, propósito, desígnio, querer e sonho. Apelido da *Metadisciplina*. Meta, como prefixo, traz também o sentido de autorreflexão, de transcendência "[...] volta da consciência do espírito, sobre si mesmo, para seu próprio conteúdo por meio do entendimento, da razão"[12].

Metadisciplina

Abordagem didática que propõe a autoconstrução de uma *disciplina* (qualquer) como parte do próprio processo de aprendizagem. Considera os interesses de todos os participantes em sua *composição*.

Metaprojeto

Projeto de reflexão, premissas e suporte que antecede o desenvolvimento do projeto de design em um cenário mutável e complexo[13].

Método

Aplicações possíveis de uma abordagem. Conjunto de modos de fazer que possibilitam um processo (de pesquisa, de ensino, de projeto etc.). Plano geral da organização do processo de ensino e aprendizagem.

Métodos da Metadisciplina

Sistema de *possibilidades* de aplicação da *Metadisciplina* em ambiente de *ensino-aprendizagem*. Constitui-se de três módulos correspondentes aos princípios *(Querer Juntos, Fazer Juntos* e *Pensar Juntos),* com etapas de pesquisa, desenvolvimento e síntese em cada um deles.

Metodologia

Originalmente, o estudo de *métodos.* Sistematização das aplicações possíveis de uma *abordagem.*

Micropolítica

Como reproduzimos (ou não) os modos de subjetividade dominante[14].

11
VASSÃO, 2010, p. 21.

12
MANZINI. *In:* MORAES, 2010, p. 29.

13
MORAES, 2010.

14
GUATTARI; ROLNIK, 1996.

O

Objetivo

Meta de aprendizagem.

P

Participação

"Nada se pode conhecer do que nos interessa (o mundo afetivo) sem que sejamos parte integrante, (...) É o reconhecimento de outrem como sujeito de desejo, de estratégia, de intencionalidade, de possibilidade solidária."[15]

Plataforma de informação compartilhada

Espaço de organização, compartilhamento e interação de informações que possibilita o acesso coletivo ao que é produzido pelos participantes da *Metadisciplina* (aulas, memórias, relatos, trabalhos, avaliações, referências etc.).

Pensar Juntos

Pensamento compartilhado. Uma dimensão de abertura e movimentação de pontos de vista. O pensamento de um puxa o pensamento do outro, completam-se, unem-se, dançam, expandem-se e chegam aonde não chegariam sós.

15
BARBIER, 2002, p. 70-71.

Pesquisa-ação

Método que junta o ato de se pesquisar ao ato de se fazer, processo contínuo de se pesquisar, criar e propor de forma progressiva, orgânica e evolutiva.

Possibilidades

Diz respeito à primeiridade da *Semiótica* de Charles Sanders Peirce. Representa o acaso, o caos, o eterno agora, o que ainda não se sabe, o que pode vir a ser. A dança dos quereres individuais e coletivos.

Pré-princípios

Contexto que oferece a base para o acontecimento da *Metadisciplina*.

Princípios

Querer Juntos. Fazer Juntos. Pensar Juntos. Ação dos *fundamentos* na formação das *diretrizes*. Sem eles não há *Metadisciplina*.

Projeto

Plano, desígnio, proposição. Estratégias de ação, construção e transformação.

R

Realização

Uma das *diretrizes da Metadisciplina*. Diz respeito à secundidade *da Semiótica*. O que vem à existência. Resultado. Produção.

Recursos

Dispositivos, materiais e instrumentos para realizar as *técnicas* de *ensino e aprendizagem*.

Reflexão

Uma das *diretrizes* da *Metadisciplina.* Diz respeito à terceiridade *da Semiótica.* Mora na cabeça. Caminhos labirínticos que permeiam, perpassam, tangenciam e atravessam algum tema.

S

Semiótica

Teoria Geral dos Signos de Charles Sanders Peirce. Sempre triádica. Uma das áreas de conhecimento que fundamentam a *Metadisciplina*. Quando em dúvida sobre o que é a Metadisciplina, devemos sempre voltar a ela.

T

Técnicas

Formas de efetivação dos métodos. Práticas pontuais utilizadas em sala de aula ou na pesquisa que efetivam diretamente os preceitos dos métodos e das diretrizes da Metadisciplina.

Interlúdio Alexander Carneiro

"

Deparar-se com a Metadisciplina é como receber um sopro de vento vindo do próprio Tempo. Na corrida constante que faz mudarem os cenários, as pessoas e os entendimentos, é preciso se manter consciente das metamorfoses para continuar enxergando sentido na realidade. A Metadisciplina é a própria metamorfose dos tempos aplicada à educação, tanto em sua forma como em sua finalidade.

É metamorfose em forma, pois tenta mudar a maneira como as coisas acontecem. Não há mais cabimento para aulas monocráticas, aulas completamente expositivas, aulas sem participação. A Metadisciplina existe apenas por intermédio da mudança. Será que temos realmente jovens cada vez mais

desinteressados no aprendizado, ou jovens cada vez mais interessados em quaisquer outros assuntos?

É metamorfose também em finalidade, pois o próprio objetivo da Metadisciplina é propiciar transformação. Dentro de toda sala de aula há um jardim muito fértil à espera de serem plantadas as sementes do desenvolvimento pessoal. Tudo o que a Metadisciplina faz é garantir que não nos esqueçamos da existência desse jardim. Desde o início, meu objetivo pessoal na Metadisciplina tem sido o de sistematizá-la e categorizá-la. Perceber suas principais características e abstraí-las para possibilitar uma generalização. Pode parecer um objetivo frio, calculista demais, principalmente quando se consideram as

possibilidades de pesquisa em relação à Metadisciplina, mas há um propósito belo por trás de tanta análise: definir e classificar a Metadisciplina é o primeiro passo para disseminá-la. Como grupo, sempre tivemos a vontade de ver outros professores e alunos pondo em prática nossos princípios e diretrizes, mas, antes disso, foi necessário voltar o olhar para nossas próprias práticas e nos perguntar: quais são nossos princípios? Quais são nossas diretrizes?

Alex.

Aqui são apresentados os conceitos que configuram e organizam a Metadisciplina.

cinco
abordagem

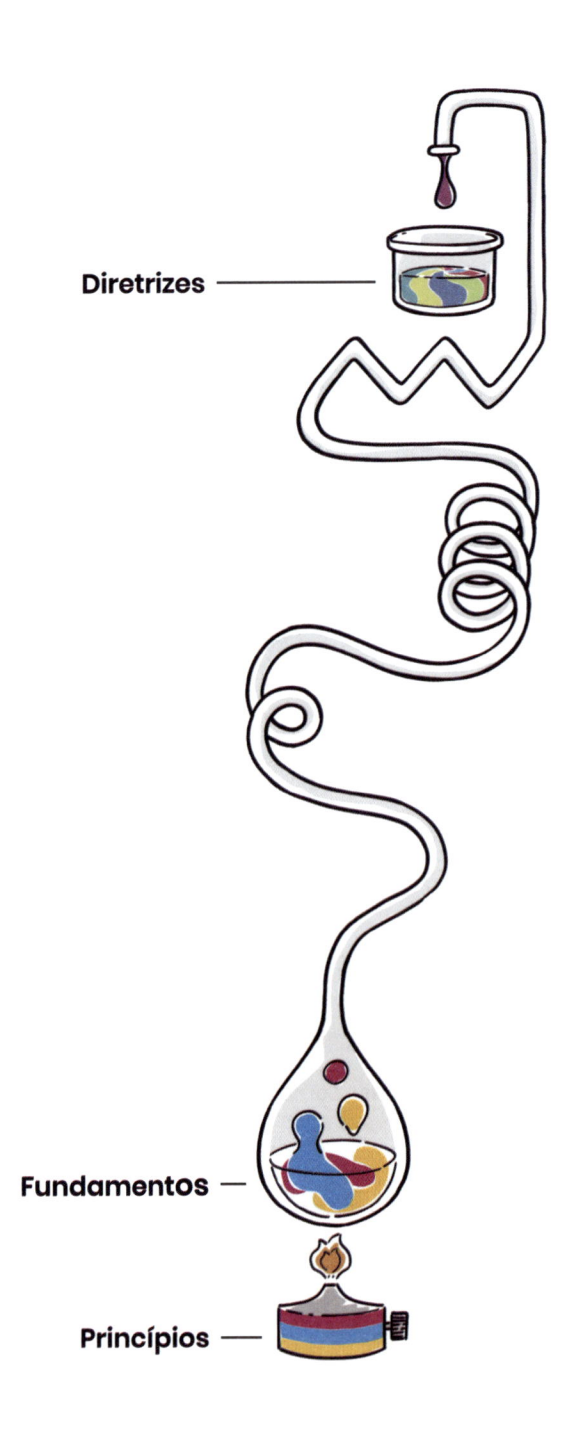

Diretrizes

Fundamentos

Princípios

A abordagem diz respeito a um ==conjunto de concepções teóricas que constituem os fundamentos, os princípios e as diretrizes da Metadisciplina.== As áreas de conhecimento que integram os fundamentos da abordagem são o Design, a Didática e a Semiótica. Do movimento e da interação dos fundamentos, nascem os princípios: Querer, Fazer e Pensar juntos. A ação dos princípios transformam os fundamentos em nove diretrizes.

Com a sistematização de todos os conceitos da abordagem, uma metodologia se apresenta como resultado, uma estrutura flexível, aberta a possibilidades de métodos e técnicas de aplicações da Metadisciplina em sala de aula.

Veremos em seguida quais são esses conceitos e como se organizam na configuração da abordagem e da metodologia.

1. Fundamentos

A Metadisciplina é guiada por três áreas de conhecimento que oferecem substância teórica à abordagem: o Design, a Didática e a Semiótica. Três conceitos de cada uma dessas três áreas constituem os fundamentos da Metadisciplina. Existem desafios na aplicação de abordagens disruptivas no contexto dos métodos tradicionais de ensino e aprendizagem e de projeto em design. No entanto, a intersecção dessas áreas dá voz aos diversos pontos de vista que podem ser agregados e combinados na produção de uma miríade de soluções relevantes e inovadoras no ensino.

do Design

Experimentações no âmbito acadêmico em um curso de Design ofereceram à pesquisa premissas dessa área de conhecimento que configuram uma lógica de inter-relação entre Design e Metadisciplina.

Do Design, são empregados na Metadisciplina três conceitos que consideram a prática como um meio, não como um fim, no intuito de orientar diferentes redes de pessoas, interesses e proposições na busca de soluções práticas, resoluções de problemas e produção de sentido. A aceitação e investigação de aspectos subjetivos nesse tipo de processo de design resulta em usuários que se transformam em participantes efetivos da prática projetual em si, de diversas maneiras.

Subsequente a esse olhar do designer como mediador e da inclusão dos indivíduos implicados[1], o Design como discurso[2] trata do que não se finaliza na própria manifestação física ou virtual de um produto gráfico ou um artefato, mas sim em suas implicações sociais, culturais, econômicas e políticas por meio das quais o projeto, em todo o seu potencial, pode causar impactos deliberados em uma realidade específica, transformando-a[3].

abordagem

[1] MANZINI, 2017.

[2] Klaus Krippendorf (2000, p. 89) defende que o exercício do design deve ir além das práticas projetuais e se tornar um instrumento narrativo, que reflete os modos de vida nos quais se insere: "(...) os artefatos não existem fora do envolvimento humano. Eles são construídos, compreendidos e reconhecidos quando usados pelas pessoas, que têm objetivos próprios."

[3] "Design é a defesa de uma causa. Onde as pessoas falam sobre o design, ele torna-se político. O design é mais efetivo quando incrustado na mesma comunidade que exige participação no futuro que ele realiza". (KRIPPENDORF, 2000, p. 94)

Essa escala de resolução de problemas que elenca a conectividade como ferramenta de suma importância para o campo de ensino e pesquisa em Design torna-se aliada à cooperação, em processos de criação conjunta, o codesign. O sentido de cocriação e de cooperação no processo de projeto abrange três tipos de premissas: 1 - "processos altamente dinâmicos" como metodologias de construção de consenso e processos complexos interconectados, frequentemente contraditórios; 2 - "atividades criativas e proativas" que abrangem iniciativas dos participantes e a criatividade como propulsora de diálogos sociais alimentados por novas ideias; 3 - "atividades complexas de design" que demandam ferramentas específicas de design para tornar situações e ideias complexas tangíveis e comunicáveis[4]. ==O codesign resguarda a pluralidade dos diversos pontos de vista e a coletividade dos processos.== Esse tipo de posicionamento e proposição abre espaço para pesquisas abertas e iniciativas que integram o diálogo com a comunidade, acadêmica e local, no desenvolvimento de projetos.

O fazer Design, pesquisar Design, aprender e ensinar por intermédio do Design constrói conhecimentos e traz aspectos sociais e subjetivos para sala de aula, de modo que o que se produz são diálogos, interações e experimentos, que gradativamente se sedimentam sensorial, emocional e cognitivamente. Esses aspectos oferecem meios a reflexões acerca do Design no processo didático que implicam autorreflexão e crescimento compartilhado.

1.1. Metaprojeto

O metaprojeto é o projeto do projeto[5]. É a plataforma construída para se projetar, como se observássemos, antes de propor o projeto, quais são os movimentos e os elementos de uma determinada situação, para estabelecer parâmetros e compreender as variáveis. Com base nessa compreensão, percebemos que lidar com um conteúdo programático de uma disciplina requer uma atitude que não a reduza simplesmente aos conteúdos. Uma estrutura rígida de procedimentos determinados a priori haveria de fracassar no objetivo de construção de conhecimento, por não ser capaz de absorver a dinâmica dos processos desta mesma construção. Assim, como estratégia didática e de design, a Metadisciplina adota uma estrutura aberta e flexível, em uma plataforma que considera o aspecto volúvel e heterogêneo da realidade do contexto e dos participantes de uma disciplina. O metaprojeto[6], metodologia do Design apropriada na Metadisciplina, propõe essa plataforma e pressupõe uma miríade de variáveis, uma composição de indivíduos com formações, repertórios e interesses distintos, mas com o objetivo comum de aprender. Há então de se proporem soluções abertas e organizações flexíveis, numa estrutura que comporte as diferenças e acolha os interesses no projeto de aprendizagem. É o momento em que buscamos consensos e acordos em relação à estrutura da aplicação da Metadisciplina.

==O metaprojeto na Metadisciplina corresponde ao planejamento conjunto do cronograma entre estudantes e professores, com objetivos, etapas, formas de desenvolvimento e de avaliações.==

4
MANZINI, 2017, p. 63.

5
"Por seu caráter abrangente e holístico, o metaprojeto explora toda potencialidade do design, mas não produz output como modelo projetual único, e soluções técnicas preestabelecidas, mas um articulado e complexo sistema de conhecimentos prévios que serve de guia durante o processo projetual." (MORAES, 2010, p.25)

6
MORAES, 2010

1.2. Design Centrado no Ser Humano (Human Centered Design - HCD)

O Design Centrado no Ser Humano (HCD) nasce como uma crítica ao consumismo e se desenvolve a favor da cooperação e do compartilhamento. A chamada 'lente do desejo' enxerga pelos olhos de quem participa durante as várias etapas do processo de design.[7]

Ouvir (Hear), Criar (Create) e Implementar (Deliver) constituem a tríade do Design Centrado no Ser Humano. No primeiro momento, o HCD propõe métodos qualitativos, ações que buscam conhecer mais profundamente as características de determinados grupos, suas demandas e problemas. Esse é o modo de dar atenção às pessoas envolvidas, perceber seus anseios e características que as tornam únicas. Traduzida à Metadisciplina, a primeira etapa do HCD corresponde a ouvir os estudantes, seus conhecimentos prévios, suas experiências, pontos de vista e seus interesses sobre o assunto da disciplina. Na Metadisciplina essa etapa representa a revisão e ampliação de pressupostos e conteúdos por meio da escuta, que amplia as descobertas e concepções dos participantes na partilha de seus interesses e repertórios relativos à disciplina.

Depois de ouvir, chega o segundo momento do HCD: criar, dar movimento ao pensamento abstrato, elaborar sínteses e interpretações das informações reunidas na primeira etapa. A partir disso, é possível descrever as demandas concretas recolhidas anteriormente e transformá-las em *insights* mais amplos e passíveis de solução. A experimentação e a prática são um pressuposto para aquisição de habilidades e competência na Metadisciplina, outra forma de entender, que não fica só na cabeça, no pensar, porque envolve sentimentos, sensações e descobertas imprevistas.

A terceira etapa consiste em concretizar, implementar resultados, realizar as melhores ideias, depois de ter experimentado como torná-las possíveis. É necessário que as soluções implantadas sejam viáveis, bem executadas e que permaneçam a longo prazo. Melhoramentos são a máxima da etapa de implementação, principalmente quando configuram um processo contínuo em que as pessoas implicadas se identificam com as transformações e se sentem corresponsáveis por ela. Na Metadisciplina, essa etapa do HCD corresponde à síntese e produção de resultados, que necessariamente vêm acompanhadas de reflexões sobre todo o processo e uma autorreflexão.

7
IDEO, 2009, p. 102.

65

1.3. Metadesign

O metadesign[8] propõe um duplo sentido ao design na dinâmica de situações complexas: contempla o ato de projetar o contexto no qual o projeto está inserido, operando transformações do meio, por intermédio do Design. Os resultados são mais fundamentados em processos do que em objetos propriamente ditos, principalmente por estar pautado no constante movimento dos contextos nos quais opera. O metadesign é uma forma de transformar e atuar em complexidades dinâmicas e opera a partir da posição que o designer ocupa no mundo, o que implica ter noção de si mesmo, do contexto em que se insere e de quais ações pode realizar.

O termo "metadesign"[9] é incorporado como ferramenta de projeto e de processo de construção de conhecimento. É um meio de compreender a complexidade dos diversos e distintos elementos que percorrem as atividades didáticas, que perpassam não apenas situações em sala de aula, mas também em projeções de desenvolvimento social que as realizações educativas podem promover, tanto em uma perspectiva de coletivos como de indivíduos.

O designer que utiliza o metadesign tem como função acelerar transformações sociais com proposições colaborativas e cocriativas, induzindo agentes criativos neste processo, e a criatividade aqui está intimamente ligada a saber usar dos aspectos do contexto como ferramenta para transformá-lo. É um constante olhar sobre si mesmo ao atuar em seu meio e saber o que se quer mudar no todo, com ações no presente.

A Metadisciplina incorpora esse conceito ao propor o acolhimento de diferentes níveis de conhecimento. Em uma primeira instância, na compreensão de que todos e cada um de nós trazemos uma bagagem, uma experiência e pontos de vista. Há, num segundo nível, o conhecimento que precisa de espaço interno e abertura para se constituir na partilha: o que não é meu, nem seu, é do outro e pode nos transformar. Em um terceiro nível, o conhecimento passa a ser construído por nós, em um movimento constante, composto, combinado, pesquisado, debatido, revisto, ampliado e ressignificado, que ao mesmo tempo nos transforma e nos inaugura em direção a uma amplitude de consciência.

[8] VASSÃO, 2017.

[9] (...) parte do metadesign é reconhecer como a realidade, enquanto representação de um mundo que provavelmente estará além de nossa compreensão absoluta, é um objeto de trabalho, uma obra individual e/ou coletiva, e que, quando ela torna-se coletiva, é ainda outro processo de construção de uma realidade comungada. (VASSÃO, 2010, p. 16)

da Didática

A Didática é o ramo da Pedagogia (Ciência da Educação) cujo objeto de estudo é o processo de ensino e aprendizagem, considerado em sua múltipla dimensão humana, técnica e política. Partindo de filosofias da educação, de teorias educacionais e de tendências pedagógicas, ==cabe à Didática a compreensão e o planejamento da aprendizagem em situações concretas,== socialmente situadas, em especial a educação formal realizada em escolas e universidades.

A escola moderna, cujos indícios já se vêem no século XVII, propõe a educação para todos, meninos e meninas, de todas as classes, indistintamente. A partir do século XIX, a implantação desse modelo se dá de maneira mais intensa e passa a ser assumido não apenas pela igreja e pela iniciativa privada, mas também pelo poder público: é preciso que haja escolas tanto para cuidar dos filhos e liberar as mães para o mercado de trabalho quanto para preparar os futuros trabalhadores para a disciplina das fábricas[10]. Para atingir esse objetivo, foi proposto o ensino tal qual o conhecemos ainda hoje, com alunos divididos por nível em salas de aula isoladas. A utilização desse modelo logo se viu diante de alunos desnivelados, desatentos ou rebeldes, que não aprendiam tudo aquilo que se esperava deles. E a crescente universalização da escolarização agravou o quadro: quanto mais estudantes de camadas menos favorecidas entravam no sistema formal de educação, maior a dificuldade dos professores de dar aula para uma classe claramente heterogênea.

[10] ALVES, 2017.

11
INEP, 2018.

12
BLOOM *et al*, 1972 .

13
NÉRICI, 1973, p. 204-207.
MARTINS, 1993.

14
TURRA *et al*, 1975.

15
ZINGALE, 2016. p. 13-27.

O que vem se passando com a Educação Básica começou a acontecer também com a Educação Superior, quando este nível de ensino começou a se expandir. No Brasil, em 1995, tínhamos 1.759.703 estudantes em universidades. Em 2017, esse número era de 8.286.663[11]. Um aumento de 371% em apenas 22 anos. Se, anteriormente, os universitários vinham basicamente das elites e da classe média, nos últimos anos a população de baixa renda conseguiu acesso à formação universitária, deixando mais visíveis as dificuldades didáticas de se ensinar todo o conteúdo programático a todos os alunos. Nesse caso, os processos de aquisição e produção de conhecimento poderiam ser mais efetivos se os modos de ensinar e aprender lidassem diretamente com as diferenças entre os estudantes?

Partindo da necessidade de inovações em seus métodos e de um campo de referências de metodologias ativas – em que o estudante participa, escolhe e pesquisa –, a Didática traz o contexto em que a Metadisciplina se realiza: o processo de ensino e de aprendizagem. Essa área do conhecimento trará alguns elementos que guiam a construção, a aplicação e o desenvolvimento da Metadisciplina (objetivos, metodologia e avaliação), que permitem e orientam a regulação da disciplina no contexto da sala de aula do século XXI.

1.4. Objetivos

O primeiro elemento da Didática, os objetivos, são formulações realizadas com base em dados diversos de experiências anteriores, em filosofias da educação e em teorias de aprendizagem que o grupo compartilha[12], consciente ou subconscientemente. Na Metadisciplina, além de cumprir com os itens da ementa, conteúdos, planejamentos e critérios de avaliação são definidos ao longo do processo pedagógico por professores, monitores e estudantes, de forma criativa e participativa. Os objetivos podem ser revistos e atualizados no processo.

1.5. Metodologia

A metodologia é a sistematização do processo de ensino e aprendizagem segundo os objetivos traçados, valendo-se de método ou métodos (elementos unificadores que embasam a relação professor-aluno-conhecimento) e técnicas (estratégias operacionais de implementação do método ou dos métodos)[13].

1.6. Avaliação

O terceiro elemento, a avaliação, cumpre dupla função: tanto verifica o alcance dos objetivos previamente definidos quanto orienta a reformulação desses mesmos objetivos e da metodologia[14].

da Semiótica

A Semiótica, conhecida como ciência dos signos, da semiose e da significação[15], aborda filosoficamente o <mark>modo como sentimos, percebemos e interpretamos a realidade por meio de signos</mark>[16]. Da Semiótica[17] de Charles Sanders Peirce, temos a Teoria Geral dos Signos, na qual a relação triádica é a forma básica ou o princípio estrutural de todo tipo de fenômeno - tudo aquilo que chega à nossa mente. O signo é um primeiro que se refere a um segundo (objeto) e que nos leva a um terceiro (interpretante)[18].

De uma inseparável cooperação entre os três termos (signo, objeto e interpretante), as relações triádicas produzem uma forma lógica e processual de produção de sentido, a semiose, uma atividade inerente ao ser humano que o habilita a estabelecer relações por meio de diferentes interpretações, a desvendar significados possíveis de coisas existentes e, ainda mais, capacita-o a construir novos sentidos.

A Metadisciplina utiliza a lógica triádica da semiose <mark>como estrutura e condição prévia de organização lógica, fundamento motriz de processos criativos</mark>. A fim de analisar os fenômenos a fundo, Peirce propõe as chamadas categorias fenomenológicas, que desenredam a fenomenologia em três aspectos: primeiridade, secundidade e terceiridade[19].

16
Entende-se por signo "(...) qualquer coisa de qualquer espécie (uma palavra, um livro, uma biblioteca, um grito, uma pintura, um museu, uma pessoa, uma mancha de tinta, um vídeo etc.) que representa uma outra coisa, chamada de objeto do signo, e que produz um efeito interpretativo em uma mente real ou potencial, efeito este que é chamado de interpretante do signo." (SANTAELLA, 2008, p. 8)

17
"[...] a semiótica não é uma chave que abre para nós milagrosamente as portas de processos de signos cuja teoria e prática desconhecemos. Ela funciona como um mapa lógico que traça as linhas dos diferentes aspectos através dos quais uma análise deve ser conduzida, mas não nos traz nenhum conhecimento específico da história, teoria e prática de um determinado processo de signos. Sem conhecer a história de um sistema de signos e do contexto sociocultural em que ele se situa, não se pode detectar as marcas que o contexto deixa na mensagem." (SANTAELLA, 2008, p. 6)

18
SANTAELLA, 2008.

19
SANTAELLA, 1995.

1.7. Primeiridade

Pode-se compreender a primeiridade como o campo das infinitas possibilidades. Ela indica uma gama de conteúdos e interesses possíveis. Trata-se de uma dimensão de qualidade pura de sentimento, um estado indefinido que antecede a representação. Na Metadisciplina, a primeiridade traz o aspecto de possibilidades acerca dos temas da disciplina; sentimentos, estética, criatividade. Engloba os quereres e os repertórios de cada um.

1.8. Secundidade

A secundidade está no campo da existência, materialização, alteridade. Nela se encontra tudo o que é realidade, fato concreto - o aqui e agora. Na Metadisciplina, a secundidade estrutura todas as ações e experimentações, como uma porta de entrada da ideia à realidade, quando os quereres e sentimentos da primeiridade passam de possibilidade à existência.

1.9. Terceiridade

A terceiridade diz respeito a entendimento, lógica e regras. É a categoria mental e de efeitos, a mediação entre o primeiro e o segundo: interpretação, análise e síntese do processo. Na Metadisciplina a terceiridade representa a construção de sentidos, os processos reflexivos, a apreensão de conhecimentos, as tomadas de consciência.

FUNDAMENTOS

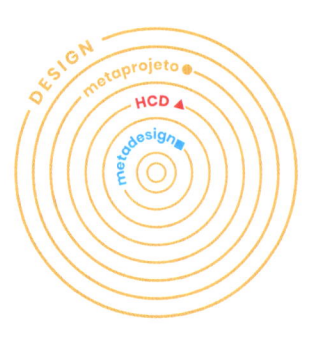

**PRIMEIRIDADE
SENTIMENTO
QUERER**

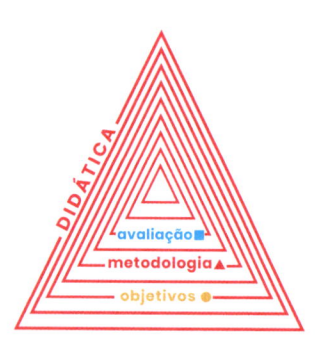

**SECUNDIDADE
PRÁTICA
FAZER**

**TERCEIRIDADE
RAZÃO
PENSAR**

Conceitos teóricos fundamentais da Metadisciplina.

2. Princípios

Das interações interdisciplinares dos fundamentos, emergem os princípios, que determinam outros níveis de interações, ativas e coletivas, capazes de tornar relativos os papéis de professor (ensinante) e estudante (aprendiz), transformando-os em estudantes que ensinam e professores que aprendem.

2.1 Querer Juntos

Querer juntos é a abertura de possibilidades relativas aos conteúdos da disciplina, o acolher dos quereres dos participantes e a ampliação dos interesses individuais no encontro dos quereres coletivos, na partilha. É a consideração do sensível e do possível na aprendizagem.

2.2 Fazer Juntos

Fazer juntos são as experiências compartilhadas, o descobrir e aprender por meio de interações com a realidade e com o grupo; é aprender na ação, na transposição de conceitos e teorias em práticas.

2.3 Pensar Juntos

Pensar juntos diz respeito aos processos de pensamento partilhado, de construção coletiva de entendimentos, de formação de conteúdos, análises, sínteses e compreensões.É a análise racional no processo de ensino e aprendizagem.

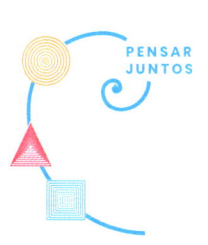

Representação das relações interdisciplinares das quais emergem os princípios.

3. Diretrizes

As diretrizes garantem um direcionamento para que a Metadisciplina seja realizada em uma sala de aula. Indicam referências e caminhos para as interações pedagógicas e, com isso, criam uma ponte entre os conceitos teóricos da abordagem e o método a ser aplicado em sala.

Com as indicações dadas pelas diretrizes, as aplicações das diversas técnicas e ferramentas educacionais podem ser empregadas, dentro do objetivo de efetivar a construção de conhecimentos pretendida em sala de aula. Seguir os passos no rumo das diretrizes garante que todos os participantes vivenciem uma verdadeira experiência de Metadisciplina.

Todas as diretrizes possuem, simultaneamente, um convite a refletir sobre o desenvolvimento e a aplicação da Metadisciplina (em todo período letivo, ou em uma única aula) e uma proposta de autorreflexão, especialmente a respeito de seu papel na construção coletiva do processo de ensino e aprendizagem.

DIRETRIZES

 POSSIBILIDADES

 OBJETIVOS

 COMPOSIÇÃO

 COOPERAÇÃO

 METODOLOGIA

 REALIZAÇÃO

 REFLEXÃO

 AVALIAÇÃO

 CONSCIÊNCIA

Conjunto de diretrizes da Metadisciplina.

3.1 Possibilidades

Construção Compartilhada de Conteúdos
É o reconhecimento de que os alunos possuem referências, conteúdos e interesses que podem ser relevantes à disciplina. Deve-se incorporar e tomar partido desses conhecimentos prévios para promover uma construção, em conjunto, dos possíveis conteúdos que poderão ser tratados na disciplina. No método, a diretriz de Possibilidades significa estar aberto aos conhecimentos e desejos trazidos pelos alunos.

3.2 Objetivos

Definição Conjunta de Metas e Conteúdos de Aprendizagem
Deve-se definir, em conjunto, os objetivos individuais e coletivos daquele processo de ensino e aprendizagem. Em outras palavras, o que cada um e todos juntos desejam aprender. Harmonizar os desejos de aprendizagem dos participantes com a ementa da disciplina (aquilo que a instituição deseja que seja aprendido), compondo o conteúdo que será trabalhado na sala de aula. Aplicada ao método, a diretriz de Objetivos significa a projeção de resultados esperados, decididos coletivamente.

3.3 Composição

Estruturas e Definições, Planejamentos e Organizações dos Procedimentos, Aulas e Módulos
Construção prévia e coletiva dos critérios de avaliação que serão abordados na disciplina e as principais metodologias. Definir porcentagens e métodos avaliativos que serão aplicados nas próximas fases. Perguntar aos alunos sobre o que acreditam ser mais válido para sua aprendizagem e o alcance de seus objetivos. Adaptar métodos conhecidos às necessidades dos participantes. Desde cedo, deve-se garantir alguma plataforma de partilha do conhecimento entre alunos e professores. A diretriz de Composição, no método, diz respeito à definição de estruturas flexíveis e planejamentos que visam atingir os Objetivos, diretriz anterior.

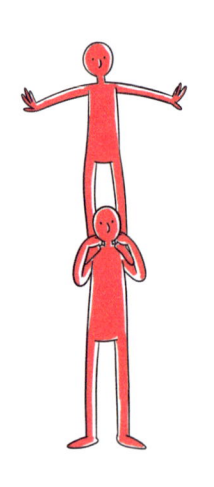

3.4. Cooperação

Interações e Acordos + Partilha

Permeia o exercício, a prática e a experimentação do que é produzido na disciplina por meio de métodos estratégicos de ensino e aprendizagem. Inclui os acordos (de convivência, de critérios avaliativos etc.) e o uso da plataforma de compartilhamento. Com os acordos e as interações, a diretriz de Cooperação sela no método as decisões de estrutura tomadas por meio da Composição. A partir desse ponto, ficam vigentes os procedimentos e os planejamentos decididos e elaborados em conjunto.

3.5 Metodologia

Organização do Processo de Ensino e Aprendizagem

São estabelecidos, em conjunto, a abordagem (pressupostos correlatos), os métodos (planos gerais de organização), as técnicas (estratégias ou artifícios específicos) e os recursos (bens materiais e humanos) mais adequados à concretização dos objetivos de aprendizagem. A diretriz de Metodologia representa o método planejado e implementado, bem como as técnicas utilizadas no andamento da disciplina, o dia a dia da sala de aula. A abordagem é a própria Metadisciplina, acordada entre todos logo na primeira aula.

3.6 Realização

Experimentação e Concretização de Conteúdos e seus Resultados

Ação relacionada aos conteúdos discutidos até então. Deve-se encontrar maneiras de trazer os conhecimentos teóricos ao plano da existência e procurar aplicações e resultados para o que foi pesquisado, discutido e compartilhado. Importante no método, a Realização representa a busca pela aplicação dos conteúdos em experiências reais. Sempre que um dado conhecimento está sendo apreendido ou praticado em uma realidade concreta, essa diretriz está sendo cumprida.

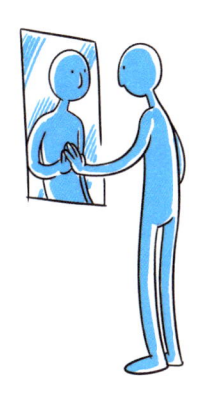

3.7 Reflexão

Síntese e Análise do Processo

Análise racional sobre o que foi desenvolvido em aula; sobre conteúdos pensados, trabalhados e produzidos. A diretriz de Reflexão, quando aplicada no método, faz alunos, professores e monitores pensarem sobre o próprio pensamento. É mais uma das características "meta" da abordagem.

3.8 Avaliação

Verificação da Aprendizagem

Checagem do que está sendo apreendido em relação aos objetivos individuais e coletivos. Envolve a identificação do que está sendo ou será avaliado antes de o módulo começar, os critérios de avaliação antes da exposição da síntese e a autoavaliação. Conta com três etapas: inicial (avaliação diagnóstica), processual (avaliação formativa) e final (avaliação somativa). No método, a diretriz de Avaliação pode se manifestar de inúmeras formas, desde que haja uma ponderação ativa sobre os resultados pretendidos (no início da disciplina): quais foram atingidos e em qual grau de eficiência.

3.9 Consciência

Reconhecimento da Trajetória e Evolução

Situação do conteúdo adquirido e produzido diante da própria trajetória do estudante, bem como do contexto em que este se insere. A diretriz de Consciência, no método, é a constante busca por desenvolver um pensamento autônomo que perdure para além do período de aplicação da disciplina, transformando as aulas em impactos positivos para todos os participantes.

*Representação geral dos
elementos da Metadisciplina.*

FUNDAMENTOS

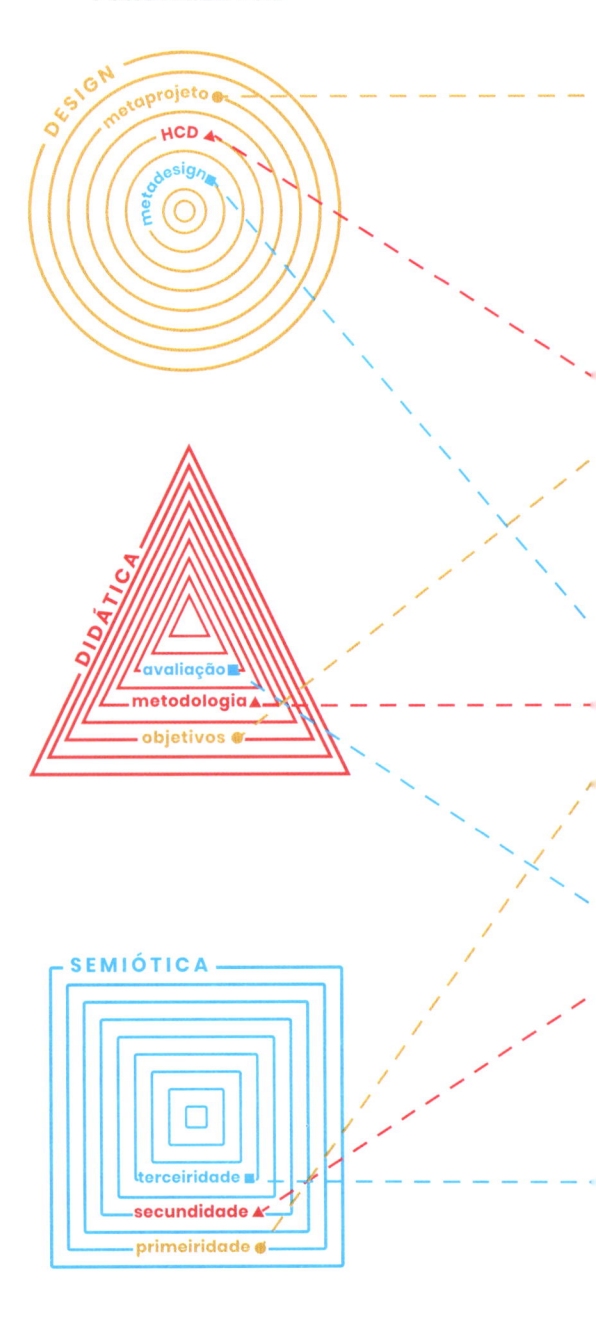

🟡 **PRIMEIRIDADE
SENTIMENTO
QUERER**

🔺 **SECUNDIDADE
PRÁTICA
FAZER**

*Composição das cores
das diretrizes
=
25 % da cor da forma
geométrica que
representa os
fundamentos
+
25 % da cor da linha
tracejada da estrutura
semiótica
+
50% da cor da espiral
do princípio*

🟦 **TERCEIRIDADE
RAZÃO
PENSAR**

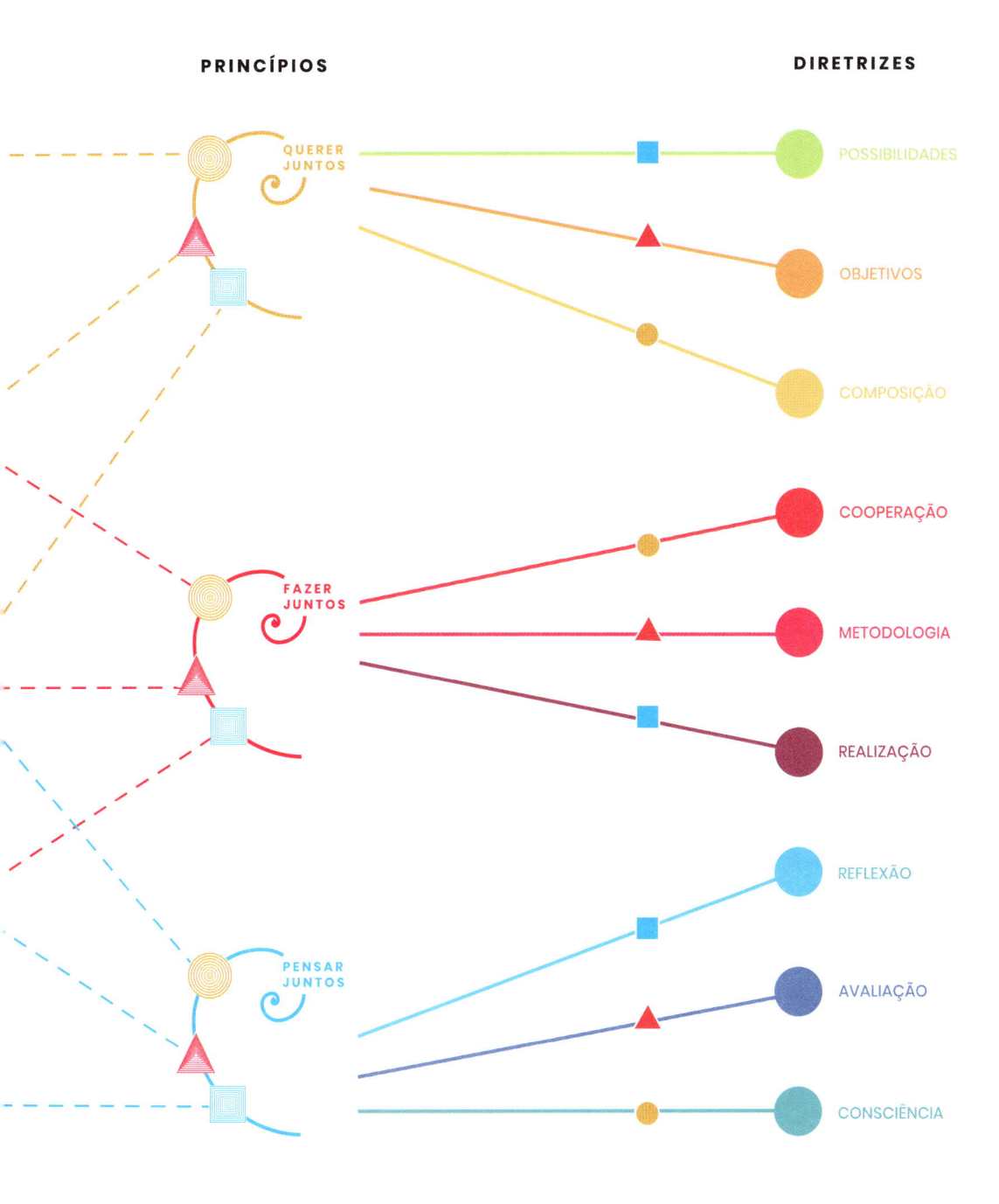

PRINCÍPIOS

DIRETRIZES

QUERER JUNTOS

FAZER JUNTOS

PENSAR JUNTOS

POSSIBILIDADES

OBJETIVOS

COMPOSIÇÃO

COOPERAÇÃO

METODOLOGIA

REALIZAÇÃO

REFLEXÃO

AVALIAÇÃO

CONSCIÊNCIA

Interlúdio   Lya Calvet

"

As pessoas (eu, você, eles) se apegam a tradições. Quando nos acostumamos a algo, depois de anos e anos de condicionamento, paramos de pensar nos porquês. Se é bom ou ruim. Se nos move ou nos paralisa. Se é uma verdade incontestável ou apenas um eco do passado. Passado, presente e futuro estão entrelaçados. O que acontece ali reverbera aqui. Mas toda reverberação é positiva? Devemos continuar fazendo o que sempre fizemos, simplesmente pela tradição, ou devemos ampliar nosso leque de modos de agir?

Pesquisar sobre metodologias ativas e desenvolver a Metadisciplina é poder concretizar esses questionamentos. Concretizar

não em verdade incontestável, mas em caminho possível. Possível e de possibilidades. Em um mundo onde a tradição é constantemente empregada de má-fé, de modo a normalizar comportamentos que pouco acrescentam em nosso crescimento enquanto seres humanos, as possibilidades são uma arma poderosa. Poder trocar o "você tem que fazer isso" pelo "normalmente se faz isso, mas você também pode fazer aquilo" nos dá a chance de ser quem realmente somos e de agir pelo que acreditamos. Ao passo que acredito no que faço, estar aberta às possibilidades também significa enxergar a necessidade da Metadisciplina em conviver e se adaptar a outros universos didáticos, ainda mais considerando o fato de que existem tantas outras abordagens com princípios semelhantes. É entender que o que propomos não se encerra em si e acolher a mudança como parte da essência de nós mesmos e daquilo que produzimos.

Na abertura, crescemos.

Lya.

*Nos métodos os conceitos
da Metadisciplina são
traduzidos na linguagem
do aprender e do ensinar.*

seis
metódos

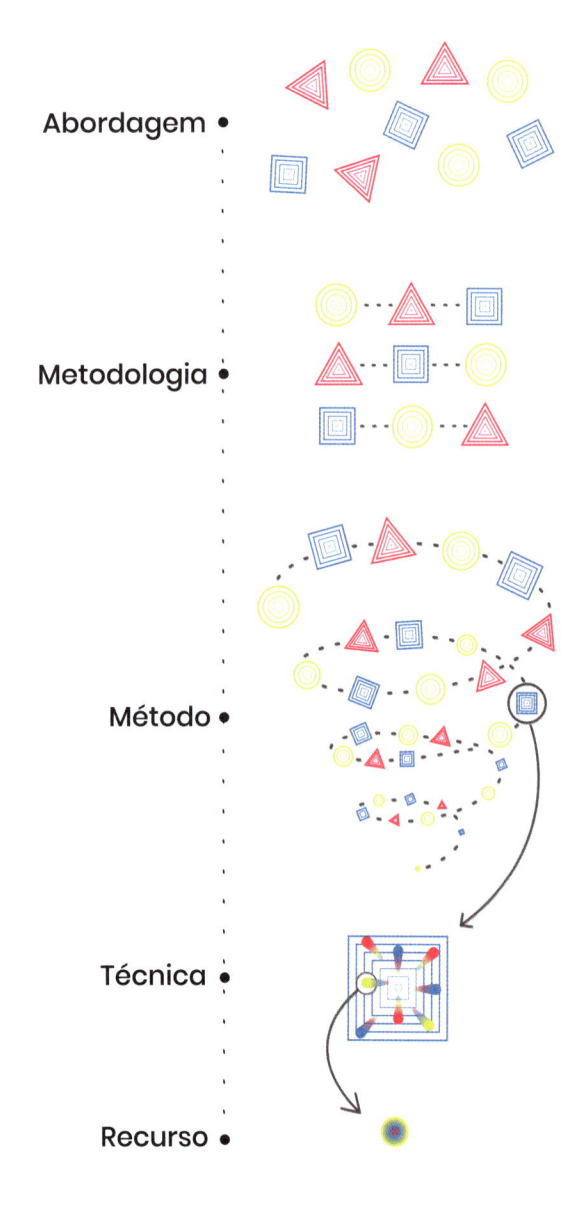

Abordagem •

Metodologia •

Método •

Técnica •

Recurso •

*Níveis de abrangência
didática em relação aos
conceitos da Metadisciplina.*

O método é um elemento unificador da relação entre professor, aluno e conhecimento, em um trajeto possível de interações. Ele se orienta pela metodologia, mas tem certa independência em relação a ela, o que significa que um método pode ser facilmente apropriado por outras metodologias e abordagens.

Por ser uma abordagem aberta, a Metadisciplina não está intrinsecamente presa a nenhuma forma específica de aplicação. Não há fórmula a ser estritamente seguida que resulte nos objetivos da abordagem. Ainda assim, para que possamos visualizar seus efeitos, a Metadisciplina precisa ser aplicada em sala de aula. Para isso, é necessário um método.

Inúmeros métodos possíveis podem se associar às concepções teóricas propostas pela Metadisciplina. Se os princípios – Querer, Fazer e Pensar Juntos – estiverem evidentes nas aplicações, a filosofia da Metadisciplina, de uma forma ou de outra, estará presente. Essa é uma janela aberta para que professores, em qualquer contexto, experimentem e explorem possibilidades de aplicação da abordagem, pondo em movimento os princípios e as diretrizes das mais diversas formas.

Ainda que haja um grande leque de combinações entre a abordagem e as aplicações da Metadisciplina, bem como as aberturas para diferentes testes e criações, reconhecemos uma necessidade de desenvolver e descrever métodos e técnicas que o próprio grupo de pesquisa constatou a partir de análises das aplicações.

Dos conceitos da abordagem, emergiram os métodos que representam a própria Metadisciplina traduzida na linguagem do aprender e do ensinar.

Da pesquisa-ação aos métodos da Metadisciplina

Os métodos da Metadisciplina são possibilidades de manifestação prática da abordagem em sala de aula. Existem com o objetivo primário de permitir e facilitar a aplicação da Metadisciplina em qualquer tipo de disciplina, com qualquer tipo de conteúdo, desde que professores e alunos estejam dispostos e os pré-princípios sejam levados minimamente em consideração.

A partir da pesquisa-ação da Metadisciplina, cinco anos de aplicação, aprimoramento e análise resultam em uma inovação que, por mais que ainda esteja em mutação – e que, de fato, possui a mutação dentro de si –, retrata um modo de trazer a abordagem e seus conceitos para dentro da sala de aula, transformando-a em realidade. Enquanto abordagem, os três princípios se manifestam no plano conceitual e funcionam como pilares que se apoiam nos fundamentos e sustentam as nove diretrizes. No método, funcionam como módulos que indicam a necessidade de os princípios acontecerem nas interações interpessoais e de ensino-aprendizagem durante a realização de uma disciplina.

Trata-se de um conjunto de modos de fazer, desenvolvidos em consonância com os resultados obtidos em sala de aula, constantemente aprimorados, que guiam a interação entre alunos e professores por intermédio das diretrizes e dos princípios da Metadisciplina. Esse conjunto de modos de fazer se configura em três módulos, relativos aos princípios já mencionados: Querer Juntos, Fazer Juntos e Pensar Juntos. Apesar de sequenciais, os módulos são completamente adaptáveis e desenvolvidos para que possam ser intercambiáveis.

Cada módulo é um bloco estrutural da disciplina, que será dividida nessas três partes. A ordem de acontecimento dos módulos deve ser decidida previamente, para que todos os participantes estejam cientes do caminho geral que a disciplina irá seguir. Cada módulo tem sua natureza nuclear, um mote indispensável, que reflete o princípio da abordagem. Dessa forma, o módulo Querer Juntos foca na vontade dos alunos; o módulo Fazer Juntos foca na aplicação prática; o módulo Pensar Juntos foca na análise reflexiva.

Funcionamento dos módulos

Antes de definir e planejar a organização dos módulos na disciplina com os estudantes, é necessário ouvir sobre o repertório da turma em relação ao escopo da disciplina; o que será aprendido, seja em termos de conhecimentos, seja de expectativas ou suposições. O que os estudantes trazem de informação prévia é imprescindível para o desenvolvimento e adaptação das proposições metodológicas às especificidades da turma.

Nossa experiência indica que disciplinas muito teóricas, com conceitos complexos e extensos, funcionam melhor quando começamos pelo módulo Pensar Juntos, no intuito de se construir um repertório relativo à compreensão das ideias básicas da disciplina, antes de relacioná-la a interesses ou práticas possíveis, para que os conteúdos essenciais sejam assimilados e debatidos. Se houver muitos estudantes que já trazem informações prévias do conteúdo, é muito importante que seus conhecimentos sejam compartilhados durante a realização do módulo.

Em disciplinas mais práticas, é identificado que o repertório inicial deve ser o domínio de técnicas e habilidades, indispensáveis para o posterior pensar ou querer juntos, por isso começamos com o Fazer Juntos. É fundamental que as habilidades técnicas e práticas que os estudantes já possuem sejam observadas antes de começarem as atividades e, se necessário, grupos de estudantes experientes aprofundem suas habilidades e auxiliem outros estudantes sem aptidões específicas ou com menos experiências, em processos de partilha. Esse é o valor do "juntos" que todos os módulos possuem.

Nas disciplinas mais abertas, abrangentes, teórico-práticas ou quando os estudantes trazem suficiente conhecimento prévio sobre os conteúdos, o Querer Juntos se apresenta como uma boa forma de início, independentemente da ordem de realização dos módulos seguintes. Muitas das disciplinas de Projeto do curso de Design começam assim. Mesmo que discussões teóricas aconteçam paralelamente, os estudantes escolhem os temas do que irão projetar. A busca dos quereres também deve ser compartilhada. Algumas vezes o interesse de um estudante atiça outros, e muitas vezes interesses similares são um excelente pretexto para formação de grupos de pesquisa e de desenvolvimento – como veremos a seguir na construção interna dos módulos e, ainda mais adiante, nas técnicas.

A realização dos três módulos é uma forma de garantir que os conteúdos, as experiências e os conhecimentos sejam construídos e compartilhados ao longo do processo de ensino e aprendizagem.

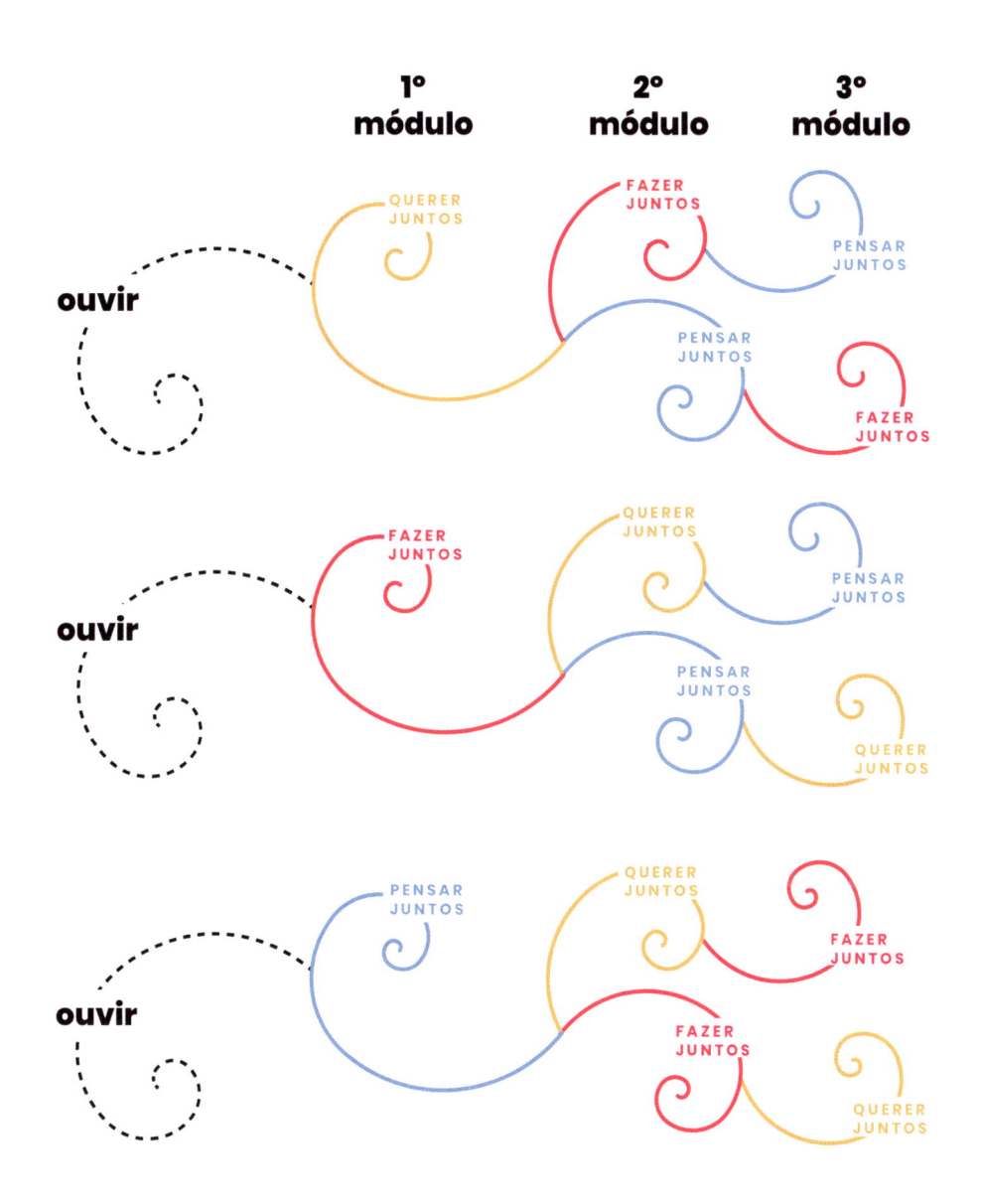

1º
módulo

2º
módulo

3º
módulo

ouvir

QUERER
JUNTOS

FAZER
JUNTOS

PENSAR
JUNTOS

PENSAR
JUNTOS

FAZER
JUNTOS

ouvir

FAZER
JUNTOS

QUERER
JUNTOS

PENSAR
JUNTOS

PENSAR
JUNTOS

QUERER
JUNTOS

ouvir

PENSAR
JUNTOS

QUERER
JUNTOS

FAZER
JUNTOS

FAZER
JUNTOS

QUERER
JUNTOS

Possibilidades de combinação dos módulos na formação dos Métodos da Metadisciplina.

87

1.Módulos

Internamente, os módulos são subdivididos em três etapas invariáveis: Pesquisa, Desenvolvimento e Síntese. A etapa de Pesquisa é o momento de coleta e organização de conhecimentos específicos, técnicas ou conteúdos relativos à disciplina; a etapa de Desenvolvimento é o aprofundamento na compreensão dos conteúdos em relação ao escopo da disciplina, experimentos ou processos analíticos; a etapa Síntese é a reflexão e exposição do conhecimento adquirido naquele módulo, o que se reflete na avaliação do próprio módulo, dos estudantes e na autoavaliação.

A seguir, cada um dos módulos é descrito com mais detalhes, acompanhado de perguntas formuladas para instigar os participantes da disciplina e, ainda, de como se comportam as etapas em cada módulo.

Cada módulo possui uma ênfase natural em uma etapa específica. Etapas de Pesquisa naturalmente se desenvolvem melhor no módulo do Querer Juntos. Desenvolvimento se relaciona mais intimamente com Fazer Juntos e Síntese com o módulo do Pensar Juntos.

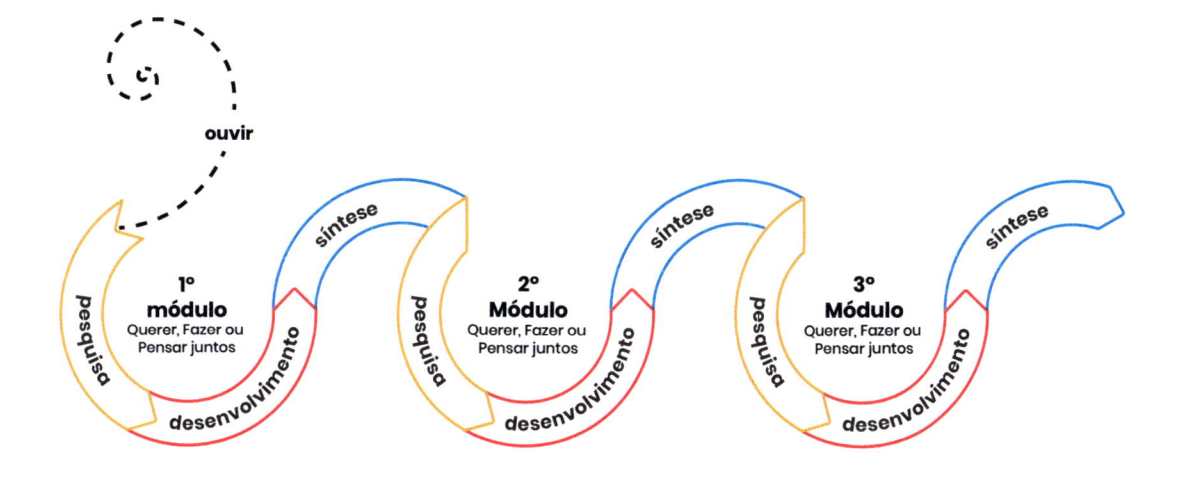

ouvir

pesquisa
1º módulo
Querer, Fazer ou Pensar juntos
desenvolvimento
síntese

pesquisa
2º Módulo
Querer, Fazer ou Pensar juntos
desenvolvimento
síntese

pesquisa
3º Módulo
Querer, Fazer ou Pensar juntos
desenvolvimento
síntese

Fluxo dos módulos nos métodos da Metadisciplina.

1.1. Módulo Querer Juntos

Este módulo implica a ênfase nos desígnios dos estudantes em relação ao escopo da disciplina. Diz respeito às escolhas subjetivas e interesses específicos de conteúdos a serem partilhados. No ponto de vista da aluna Ana Flávia Monteiro Sombra, neste módulo "cada um se encontra no universo do tema."

As perguntas de partida deste módulo são: o que me interessa em relação ao assunto da disciplina? O que quero saber e desenvolver? Quais são as possibilidades de abrangência ou de conexões com outros assuntos que me instigam? Suas etapas são:

Pesquisa: Investigação sobre a realidade profissional para identificar o que é de interesse. Pesquisa de conteúdos de interesse relativos à ementa. Nessa etapa é essencial a abertura dos professores aos quereres dos estudantes; uma ótima oportunidade para o professor ser aprendiz.

Desenvolvimento: Combinação dos conteúdos de interesse com os da ementa. Partilha de informações e pontos de vista entre os participantes. Formação de grupos quando há conteúdos de interesse comum. Proposições de novas possibilidades de aproximação e pontos de vista em relação ao escopo da disciplina.

Síntese: Reflexão sobre as etapas anteriores, de pesquisa e desenvolvimento. Organização e apresentação das reflexões. Síntese compartilhada dos quereres. Verificação dos conhecimentos adquiridos no módulo. Avaliação dos participantes em busca de reflexão e entendimento do que foi assimilado. Autoavaliação. Avaliação do módulo.

1.2. Módulo Fazer Juntos

Fazer Juntos corresponde ao módulo da experimentação, da aquisição de técnicas, habilidades e experiências, da tradução de teorias em práticas e de descobertas experimentais.

Como aplicar a teoria? Como encontrar soluções possíveis a um problema identificado? Quais são as habilidades e as técnicas favoráveis à aquisição do conhecimento que essa disciplina propõe? Como esse assunto pode se realizar na prática profissional? Suas etapas são:

Pesquisa: Pesquisa de técnicas, práticas e aplicações possíveis no universo temático da disciplina. Teste e compartilhamento das diferentes técnicas pesquisadas. Busca de materiais e possibilidades de realização.

Desenvolvimento: Aprofundamento e desenvolvimento das técnicas e aplicações da etapa anterior. Execução de projetos. Descoberta de novas técnicas a partir da experimentação.

Síntese: Comparação das habilidades anteriores com as adquiridas no módulo. Revisão do que foi executado em comparação com o que foi pretendido e planejado. Produção de resultados práticos para verificação das habilidades adquiridas. Reflexão sobre aprimoramentos para outras etapas de execução. Apresentação ou outras formas de compartilhar e refletir sobre a síntese das técnicas adquiridas. Avaliação dos participantes em busca de reflexão e entendimento do que foi assimilado. Autoavaliação. Avaliação do módulo.

1.3. Módulo Pensar Juntos

Aqui, o conteúdo teórico é construído e analiticamente trabalhado. É o momento de aplicar um distanciamento crítico e refletir sobre o conhecimento que foi ou será adquirido.

O que se sabe em relação ao conteúdo da disciplina? Que conteúdos são necessários para que se compreenda o escopo da disciplina? Quais são os conhecimentos básicos e fundamentais que se precisa adquirir dessa disciplina na profissão? Como sintetizar esse conhecimento? Como o conhecimento pode ser produzido e construído coletivamente? Suas etapas são:

Pesquisa: Pesquisa de conteúdos relativos à disciplina. Aprofundamento nos conceitos pesquisados e indicados, que fundamentam a disciplina. Busca de aplicações e manifestações dos conteúdos teóricos na profissão.

Desenvolvimento: Aprofundamento nos conteúdos, práticas e reflexões. Produção de análises e partilhas de ideias sobre os conteúdos pesquisados. Associações e interpretações criativas que favoreçam a elaboração de modelos teóricos. Verificação do alcance da área de conhecimento da disciplina em relação à profissão. Produção de novos conhecimentos, resultantes da combinação dos conteúdos aprendidos e partilhados e dos saberes prévios.

Síntese: Elaboração de síntese compartilhada dos conhecimentos adquiridos. Verificação dos saberes específicos da disciplina. Avaliação dos participantes em busca de reflexão e entendimento do que foi assimilado. Autoavaliação. Avaliação do módulo.

2. Ficha de observação

A imagem da Ficha de Observação apresenta uma relação dos fundamentos, princípios e diretrizes que foram aplicados em sala de aula como um recurso que explicita os módulos dos métodos da Metadisciplina. Nela podemos observar as relações entre os conceitos pelas cores. Os fundamentos e os princípios possuem as cores primárias: o amarelo (Design/Querer Juntos) representa aspectos de possibilidades e sentimentos; o magenta (Didática/Fazer Juntos) simboliza o "aqui e agora" das ações e experimentações; e o azul (Semiótica/Pensar Juntos) traz o sentido de lógica e discernimento.

As combinações dessas cores, em diferentes proporções, geram as cores das nove diretrizes, representadas em cada capítulo deste livro. Na ficha, em cada princípio, as cores das diretrizes correspondentes variam da seguinte forma: há uma junção da cor primária do princípio em questão com a cor do fundamento que origina a diretriz. Para exemplificar, podemos tomar como base o "Querer Juntos", que é amarelo e por isso dará uma porcentagem dessa cor a todas as diretrizes correspondentes a este princípio: a primeira diretriz, Possibilidades, une o amarelo do Querer com o azul da Semiótica, que lhe confere uma cor verde. A segunda diretriz, Objetivo, agrega o magenta da Didática ao amarelo do Querer, que resulta em um alaranjado. Já a terceira diretriz, Composição, por ser um aspecto do Design, que também é amarelo, é inteiramente amarela, embora com uma menor intensidade em relação ao amarelo do princípio e do fundamento.

QUERER JUNTOS

1. POSSIBILIDADES
2. OBJETIVOS
3. COMPOSIÇÃO

FAZER JUNTOS

4. COOPERAÇÃO
5. METODOLOGIA
6. REALIZAÇÃO

PENSAR JUNTOS

7. REFLEXÃO
8. AVALIAÇÃO
9. CONSCIÊNCIA

METADISCIPLINA

*Ficha de observação
utilizada numa disciplina
cujo conteúdo foi a
própria Metadisciplina.*

métodos

DEFINIÇÃO	IDENTIFICAÇÃO DO MOMENTO	SENTIMENTOS
Conteúdos da ementa + quereres		
Definições de metas de aprendizagem		
Estrutura e planejamentos definidos em conjunto		
Interações e acordos + partilhas		
Execução de estratégias de aprendizagem		
Feito, concretizado e resultados		
Síntese e análise do processo		
Checagem de níveis de aprendizagem		
Reconhecimento da trajetória + evolução		

● DESIGN   ▲ DIDÁTICA   ■ SEMIÓTICA

Como recurso didático, a Ficha serve à Metadisciplina principalmente por evidenciar a relação dos fundamentos, princípios e diretrizes. Foi usada inicialmente nas aulas sobre Metadisciplina, em 2019. No final de todas as aulas, foi consultada para identificarmos quais e como as diretrizes apareceram naquela aula específica. Atualmente, serve como referência conceitual, quando os princípios se tornam módulos no método aplicado.

Embora uma única aula possa conter todas as diretrizes, elas são enfatizadas de forma diferente em cada módulo e em cada etapa de um módulo.

2.1. Possibilidades, Objetivos e Composição

Possibilidades, Objetivos e Composição relacionam-se fortemente com o Módulo *Querer Juntos*. As Possibilidades dos quereres estão abertas nessa etapa, os Objetivos são formados de acordo com os interesses e a Composição do planejamento também se dá de acordo com as especificidades que acompanham o módulo.

Essas três diretrizes também se destacam na etapa de *Pesquisa* presente no início dos três módulos, uma vez que essas diretrizes abrem, estruturam e fomentam o que será construído no decorrer dos módulos específicos.

2.2. Cooperação, Metodologia e Realização

Cooperação, Metodologia e Realização são diretrizes que indicam ações. Dessa forma, dão rumo ao módulo *Fazer Juntos*.

Cooperação e Metodologia são os principais meios de atingir de maneira significativa a Realização, por isso estão diretamente relacionadas às etapas do *Desenvolvimento* dos três módulos. Representam os aspectos de partilha, criação e aperfeiçoamento no módulo.

2.3. Reflexão, Avaliação e Consciência

Reflexão, Avaliação e Consciência são diretrizes consonantes com o módulo *Pensar Juntos*. Indicam aspectos racionais e mentais do processo de ensino e aprendizagem, embora entendamos a Consciência como mais abrangente que a razão, anunciando a própria apreensão do conhecimento de uma forma integral.

Essas três diretrizes evidenciam a etapa de *Síntese* de cada um dos três módulos. São atributos evocados quando é necessário parar e pensar sobre o que foi planejado, construído e analisado, mas também quando precisamos organizar as informações com intuito de traduzir, apresentar e compartilhar.

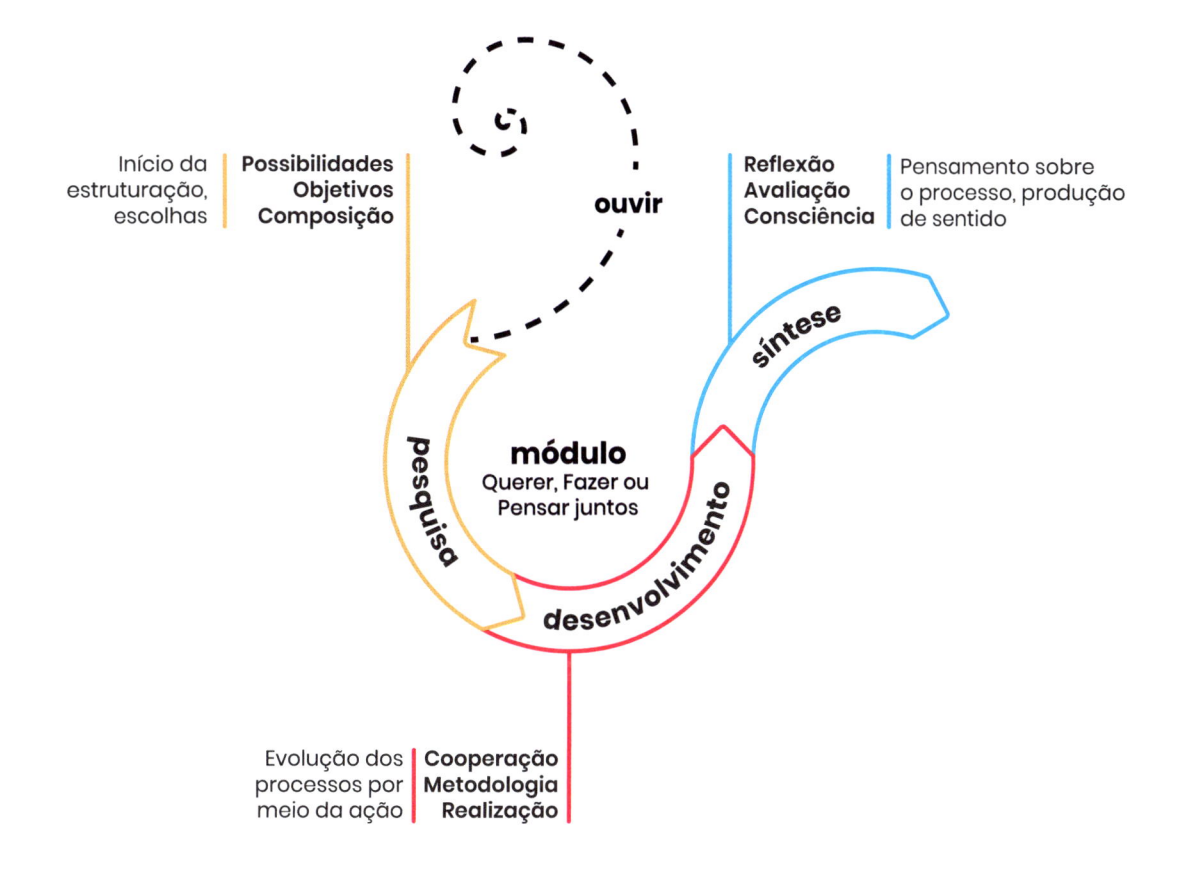

Início da estruturação, escolhas | **Possibilidades Objetivos Composição**

Reflexão Avaliação Consciência | Pensamento sobre o processo, produção de sentido

ouvir

síntese

pesquisa

módulo
Querer, Fazer ou Pensar juntos

desenvolvimento

Evolução dos processos por meio da ação | **Cooperação Metodologia Realização**

Relação entre os módulos, suas subdivisões e as diretrizes da Metadisciplina.

3. Exemplos de métodos aplicados

A configuração adaptável da Metadisciplina permite uma variedade de soluções para cada aplicação da abordagem. Como mencionado, antes de definir e planejar a organização dos módulos na disciplina, é necessário ouvir sobre o conhecimento prévio dos estudantes em relação ao que será aprendido e suas expectativas. Também já comentamos que esta abordagem é resultado de cinco anos (2014 – 2019) de aplicações e aperfeiçoamentos da Metadisciplina em diferentes tipos de disciplinas, o que significa que passamos por muitas experimentações para chegar aos conceitos apresentados aqui.

Propomos exemplificar a seguir, como uma forma de trazer os conceitos à realidade da prática, diferentes aplicações dos métodos da Metadisciplina, por meio de uma apresentação sucinta de três disciplinas: Semiótica, Desenho de Observação e Projeto de Produto 4, todas do curso de Design da Universidade Federal do Ceará (UFC).

3.1. Aplicação do método da Metadisciplina em disciplina teórica: Semiótica

Semiótica é uma disciplina teórica do terceiro semestre do curso de Design da UFC. Há um grande volume de conceitos complexos e filosóficos. Nessa aplicação, o primeiro módulo foi o **Pensar Juntos**, para que o conteúdo básico da disciplina habilitasse todos os estudantes aos módulos seguintes. Na **Pesquisa** desse módulo, estudamos e compartilhamos textos básicos e de fundamentação teórica. No **Desenvolvimento**, aprofundamos os conhecimentos sobre Semiótica e praticamos várias técnicas de partilha sobre as diferentes compreensões dos conteúdos e definimos os critérios de avaliação do módulo. Na **Síntese**, cada estudante produziu o infográfico "o que é Semiótica" em uma folha A4, o qual, antes de ser apresentado, passou por diálogos e comentários dos colegas, monitores e professores.

O segundo módulo foi o **Fazer Juntos**, no qual os estudantes aplicaram os conceitos adquiridos no primeiro módulo, com o objetivo de dar continuidade à formação teórica. Os estudantes vivenciaram experiências sensíveis na etapa da **Pesquisa**; ainda nessa etapa, pesquisaram e escolheram diferentes linguagens para traduzir essas experiências e investigaram os elementos e fundamentos das linguagens escolhidas por cada um. Em seguida, na etapa **Desenvolvimento**, colocaram em prática os conteúdos estudados no primeiro módulo por meio de práticas criativas, e transformaram as traduções em novos significados – dessa vez os estudantes foram autores das linguagens ou da combinação de diferentes linguagens. Nessa etapa definimos coletivamente os critérios de avaliação do módulo. Na *Síntese*, os estudantes que trabalharam com linguagens semelhantes ou com conexões se reuniram em grupos e realizaram experiências sensíveis e interativas aos outros grupos. Os critérios de avaliação foram estabelecidos em conjunto, antes das interações. Em seguida, avaliamos o módulo e os trabalhos e recebemos as autoavaliações.

No módulo três, *Querer Juntos*, cada estudante escolheu livremente um signo para desenvolver, também com liberdade de escolha, uma análise semiótica. Na etapa da *Pesquisa* desse módulo, determinaram o que iriam analisar. No *Desenvolvimento*, compartilharam suas temáticas com os colegas, como estavam produzindo a análise e definiram, com a professora, os critérios de avaliação. Na *Síntese*, o grupo decidiu como compartilhar as análises e realizou as avaliações dos pares, a autoavaliação e a avaliação do módulo. Por ser o último, ainda avaliou também a própria Metadisciplina que, dessa forma, demonstra que mesmo uma disciplina completamente teórica possibilita a prática como uma forma de ampliar compreensões e evocar novos conteúdos por meio dos resultados.

3.2. Aplicação do método da Metadisciplina em disciplina prática: Desenho de Observação

Desenho de Observação (DO) é uma disciplina inteiramente prática do primeiro semestre do curso de Design, na qual a Metadisciplina foi aplicada pela primeira vez em 2019. Começamos pelo módulo *Fazer Juntos*; com a etapa *Pesquisa*, foram realizadas partilha e prática de técnicas de desenho pesquisadas pelos estudantes, uma vez que, antes de refletir e escolher, os alunos precisam conhecer, adquirir ou desenvolver habilidades de representação por meio do desenho. Na etapa do *Desenvolvimento* desse módulo, os estudantes ensinaram e aprenderam entre si as técnicas adquiridas e realizaram diários gráficos. Nessa etapa foram definidos os critérios de avaliação do módulo. Na *Síntese*, os estudantes produziram um desenho para representar essa etapa, com um conjunto de técnicas que cada um aprendeu. A avaliação foi feita por grupos de estudantes por meio dos critérios que consideraram os diários gráficos e o desenho síntese.

No segundo módulo, *Querer Juntos*, na etapa da *Pesquisa*, os estudantes buscaram diversas aplicabilidades do desenho no campo do Design e compartilharam suas pesquisas na montagem de uma apresentação coletiva, que se transformou em uma aula. Na etapa *Desenvolvimento*, os estudantes escolheram alguma área, técnica ou aplicação para aprofundar, como ilustração, desenho de objetos, quadrinhos, desenho de personagem, desenho processual e outras proposições, que variaram de acordo com os interesses dos estudantes. Na etapa *Síntese*, realizaram uma prancha de tamanho A3 com um resultado que representou sua escolha.

No módulo *Pensar Juntos*, o terceiro, os estudantes desenvolveram um projeto de desenho aplicado ao Design e integraram Desenho de Observação à disciplina de

Projeto 1. Na **Pesquisa**, definiram o projeto. Na etapa **Desenvolvimento**, realizaram o projeto de sua escolha. Na etapa **Síntese**, traduziram suas intenções de aplicação do desenho no Design como formas e possibilidades de solução dos problemas trabalhados na disciplina de Projeto 1, com a realização de uma prancha A3 que foi livremente incorporada aos outros resultados de Projeto 1.

Ao final das atividades de DO e da avaliação dos estudantes da Metadisciplina aplicada em DO, o grupo de pesquisa reconheceu uma necessidade de aprimoramentos para a próxima aplicação: 1) iniciar com o reconhecimento do repertório de técnicas que o conjunto de estudantes trazem; 2) definir algumas técnicas como necessárias a serem praticadas, na perspectiva de garantir no processo dos três módulos que as técnicas básicas necessárias sejam praticadas por todos; 3) oferecer mais referências no módulo dois, porque a maioria dos estudantes manifestaram dificuldade na construção de repertório sobre o universo de possibilidades de aplicação do desenho no Design. Isso demonstra o modo como a Metadisciplina funciona: mesmo com o método definido, os aprimoramentos seguem com escuta atenta e verificações de resultados.

3.3. Aplicação do método da Metadisciplina em disciplina aberta ou teórico-prática: Projeto de Produto 4

A disciplina de Projeto de Produto 4, que antecede o trabalho final de graduação no curso de Design, aborda sistemas complexos e dinâmicos com uma bibliografia básica que inclui conceitos de design apropriados pela abordagem da Metadisciplina. A ementa prevê uma abertura de possibilidades de tratar sistemas, complexidade e dinâmicas no Design e conta com o repertório previamente construído pelos alunos em alguns anos de curso. Começamos com o módulo **Querer Juntos**. Na fase de **Pesquisa** desse módulo, os estudantes buscaram referências sobre o assunto, teóricas ou aplicadas, de acordo com os interesses de cada um. No **Desenvolvimento**, o metaprojeto foi realizado com toda a turma, a partir dos interesses da pesquisa. Como **Síntese**, os temas a serem trabalhados nos módulos seguintes foram identificados e grupos de interesse foram formados, sem excluir a possibilidade de proposições temáticas individuais. No segundo módulo, **Pensar Juntos**, a etapa de **Pesquisa** se iniciou com busca e análises de referências mais específicas em relação ao tema identificado pelos grupos ou indivíduos. O processo de projeto deu-se no *Desenvolvimento*, com aprofundamento teórico também de acordo com cada tema. Na *Síntese*, os estudantes apresentaram e compartilharam as referências, perguntas de projeto, objetivos e indicativos de soluções ou proposições. No terceiro módulo, *Fazer Juntos*, a *Pesquisa* referiu-se a investigações sobre processos de materialização e realização do projeto. No *Desenvolvimento*, o projeto foi colocado em prática, ora em interações ou intervenções urbanas, ora na realização do projeto sistêmico, interfaces, protótipos e outros tipos de produção. Na *Síntese*, os resultados de projeto obtidos foram analisados e apresentados e refletiram o aprofundamento sistêmico nas proposições. Nessa disciplina, especificamente, o Design de Informação[1] acompanha todo processo de reconhecimento e desenvolvimento de sistemas, e a Metadisciplina possibilita grandes mudanças de uma aplicação para outra. O processo de cada turma desenvolveu-se com muita diversidade e culminou em uma rica gama de projetos e proposições de Design.

4. Combinações e técnicas

A Metadisciplina é uma proposta aberta, passível de convivência com outros modos de fazer, além dos métodos acima apresentados. Contudo, para que possamos nos certificar de que a experiência da Metadisciplina se realize, existe a necessidade de que princípios e diretrizes sejam contemplados e colocados em prática.

Enquanto o método é um planejamento mais amplo, uma indicação de caminhos e objetivos, as técnicas representam a sequência de ações tomadas, no âmbito prático, para se alcançarem os objetivos estabelecidos pelo método[2].

Listamos a seguir uma série de técnicas que foram aplicadas durante a pesquisa, de acordo com a demanda de cada turma e o contexto no qual ela esteve inserida. As técnicas podem ser utilizadas para resolver situações específicas em sala de aula e podem ser utilizadas em conjunto com outras.

Cada uma das técnicas são respostas a perguntas com as quais nos deparamos em algum momento. Surgem como direcionamentos às dificuldades encontradas com estudantes e professores durante a pesquisa e mostram como lidamos com elas nas aplicações da Metadisciplina.

[1] O Design de Informação "tem como objetivo organizar e apresentar dados, transformando-os em informação com sentido e valor." (QUINTÃO; TRISKA, 2013)

[2] RANGEL, 2006.

99

Para começar

4.1. Como passar a conhecer uns aos outros em uma disciplina?

Técnica da Roda

A organização da sala de aula em formato de roda contribui para dissolver a hierarquia no espaço didático. A horizontalidade contida na Metadisciplina entra em evidência, os estudantes contribuem para a composição da sala, todos podem ver e ser vistos. Dessa forma, podem se sentir encorajados a debater e expor seus pontos de vista. No momento de introdução dos participantes, no começo da disciplina, a roda pode ser útil como um suporte para as dinâmicas de apresentação. Na Metadisciplina, aproveitamos esse momento para que cada um diga alguma particularidade, um sentimento, um desejo, um sonho.

4.2. Como saber o que estudantes trazem de informação sobre a disciplina/conteúdo?

Técnica da Roda

Professores e monitores lançam perguntas iniciais relativas aos conteúdos fundamentais da ementa e instigam respostas diversas. É importante que haja registros das respostas, que podem ser anotações feitas previamente pelos estudantes, antes de pôr na Roda, para depois compartilhar (veremos algumas formas de compartilhamento de informações adiante).

Técnica da Lousa Participativa

Essa técnica consiste em uma composição conjunta no quadro da sala. Algumas vezes, cada estudante escreve ou desenha sua cooperação; outras vezes, o docente anota os conteúdos que os estudantes manifestam. No caso de compor os conhecimentos prévios dos estudantes acerca da disciplina, o quadro é preenchido com as respostas da turma e as relações entre elas, permitindo a visualização concreta do repertório dos participantes, que será uma das bases para o desenvolvimento da disciplina. A foto da lousa ou sua tradução em um infográfico podem ser registros a serem compartilhados posteriormente.

Técnica dos Pequenos Círculos

Trata-se da proposta de discussão sobre um determinado assunto com diferentes tópicos. Divide-se a turma em grupos de três estudantes, que se formam de acordo com interesses em comum ou aleatoriamente. Esses grupos conversam durante 10 minutos, prorrogáveis para 15. Após esse período, dois grupos se unem (totalizando 6 pessoas) e somam as observações no desenvolvimento de uma síntese. É importante que alguém do grupo registre e outra pessoa marque o tempo. Para expor a todos os participantes da turma os resultados das conversas dos grupos, pode ser feita a *Roda*.

4.3. Como garantir pontualidade e assiduidade?

Técnica dos Acordos de Convivência

Termo proveniente da Educação Biocêntrica[3], consiste em ouvir os participantes para definir os horários e sistemas de funcionamento prático da disciplina, como horário de início e encerramento, se há ou não trabalho fora do horário de aula, tempo de intervalo, compromisso de participação etc.

4.4. Como apresentar a Metadisciplina como proposição didática?

Técnica da Roda

Como a proposta pressupõe um processo participativo, é necessário saber, antes de qualquer coisa, se os estudantes aceitam colaborar no processo de ensino e aprendizagem. Com o aceite, a construção por meio dos módulos se inicia. Junto à proposição da abordagem, cabe também perguntar se os estudantes se sentem confortáveis com a organização da sala em formato de roda.

[3] CAVALCANTE; GÓIS, 2015.

métodos

Para a Metadisciplina acontecer

4.5. Como definir a ordem dos módulos?

Técnica da Roda

Perguntamos aos estudantes sobre sua vivência e o que trazem de conhecimento prévio em relação ao assunto a ser estudado. Caso a turma tenha pouca informação sobre o conteúdo, tende-se a começar pelo Pensar Juntos. Em disciplinas práticas, quando é necessário um certo domínio sobre as técnicas envolvidas, começamos pelo Fazer Juntos, mas sempre é bom verificar as habilidades que a turma possui e buscar equilibrar quando alguns já possuem as técnicas e outros não, inclusive facilitando que quem sabe ensine os que ainda não sabem, em grupos de aprendizagem cooperativa[4].

4.6. Como fazer um planejamento do período em uma Metadisciplina?

Técnica da Lousa Participativa

Os participantes compõem um cronograma, dividido por meses, e definem o início e o término de cada módulo, bem como a data das avaliações (intermediárias e final).

4.7. Como compor um módulo?

Técnica da Lousa Participativa

No quadro, os participantes detalham as etapas de pesquisa, desenvolvimento e síntese do módulo em questão. Para o tópico de síntese, deve ser prevista uma avaliação que marca o fim do módulo. São definições objetivas de datas e distribuições de atividades.

Dúvidas gerais

4.8. Como agir quando não há consenso?

Técnica do Acordo de Proposição

Em um grupo, é natural que haja pontos de vista diferentes. Quando não conseguimos um consenso, propomos os acordos. Caso um ou mais estudantes não queiram seguir as proposições e atividades decididas com a maioria da turma, a resposta é pedir para que proponham, para si mesmos, atividades que contenham os objetivos pretendidos. Acordos são criados individualmente ou em pequenos grupos. O compromisso em relação ao acordo proposto pelo próprio estudante e seu cumprimento são formas de respeitar sua participação e de favorecer sua

4
"Nas situações de aprendizagem cooperativa, os estudantes experimentam sentimentos de pertença, de aceitação e de apoio; as habilidades e os papéis sociais requeridos, para manter relações interdependentes, podem ser ensinados e praticados. Através de repetidas experiências cooperativas, os estudantes podem tornar-se sensíveis às condutas que os outros esperam deles e aprender as habilidades necessárias para responder a tais expectativas. Fazendo-se mutuamente responsáveis da conduta social apropriada, os estudantes podem influir fortemente nos valores que interiorizam e no autocontrole que desenvolvem."
(JOHNSON, David W.; JOHNSON, Roger T., 1987, p. 27-30.)

integração. Algumas vezes, por questão de tempo, fazemos votações, mas apenas para situações que não comprometam o respeito a quem tem uma opinião ou um posicionamento diferente da maioria.

4.9. Como lidar com resistências dos estudantes?

Técnica da DR (Discutir a Relação)

Com todos os participantes reunidos, normalmente em Roda ou em Pequenos Grupos, são avaliados os problemas, que se refletem em forma de falta de participação, ou outras formas de resistência à Metadisciplina ou ao aprendizado, como preguiça, negligência, descrédito, desatenção, dificuldade de entender os processos ou os conteúdos, desorientação, frustração, sentimento de incapacidade, de incompetência ou de invasão, insegurança, dúvidas, alienação de si, passividade, timidez, vergonha ou tomar a Metadisciplina como imposição. É preciso encorajar os estudantes a se manifestarem para que identifiquem os problemas. As resistências ao processo precisam ser abertas. Dessa forma, toda a turma pode se empenhar em rever ou adequar o andamento da disciplina, propor novos rumos e buscar em conjunto caminhos alternativos para os grupos ou indivíduos com necessidades específicas.

4.10. Como lidar com as dificuldades dos estudantes no processo de aprendizagem?

Técnica do Acolhimento

Sugere-se aos estudantes que demonstrem dificuldades se reunirem, em um grupo, para opinar nos processos uns dos outros. A dificuldade de um pode se revelar uma facilidade para o outro e vice-versa. É muito importante que o docente dê uma atenção maior a quem tem dificuldade. Uma maneira é identificar quais são seus quereres e suas habilidades e usar destes atributos para estimular a autoconfiança no processo de ensino e aprendizagem.

4.11. Como solucionar dispersão?

Técnica dos Pequenos Círculos

Quando as aulas são muito expositivas, com conteúdos densos ou com uma única pessoa falando por muito tempo, os estudantes se dispersam, vão aos celulares, ficam desatentos, cansados ou em conversas aleatórias. Podemos propor, a qualquer momento, a técnica dos pequenos círculos, para solucionar a dispersão. No lugar de estar passivo, o estudante fica responsável por dialogar, pensar, determinar um objetivo conjuntamente, solucionar um problema, ter um ponto de vista em um tempo determinado. Isso pode transformar positivamente o momento da aula e as condições das atividades.

4.12. Como garantir que todos tenham acesso às informações relativas à disciplina?

Técnica da Plataforma de Partilha(s)

A plataforma de partilha é imprescindível para que a Metadisciplina aconteça. Nela os participantes irão reunir, construir e compartilhar seus pensamentos individuais e coletivos. Para isso é preciso que todos os participantes possam registrar, opinar e interagir acerca do que estão aprendendo, como uma oportunidade de partilha de conhecimentos, referências e vivências. Um exemplo recorrente de plataforma de partilha nas metadisciplinas é o *Diário* (que são mais relatos que diários), em que os participantes usam de livre expressão em documentos abertos para registrar suas perspectivas pessoais e acompanhar o próprio desenvolvimento e o dos outros integrantes da turma.

4.13. Como guardar o que acontece nas aulas?

Técnica da Memória (de aula, individual e de grupos)

Geralmente uma seção específica da plataforma de compartilhamento, a memória de aula é utilizada para organizar cronologicamente e expôr para os participantes os principais acontecimentos, planejamentos e repasses definidos em sala de aula, com o objetivo de informar aqueles que não puderam comparecer à aula. Também atua como ferramenta para os planejamentos futuros da turma, auxiliando em relembrar eventos e decisões passadas. A definição de quem irá produzir a memória deve ser feita antes do início da aula em questão. Geralmente é feita por um ou dois alunos. Já as memórias individuais e de grupos de alunos, por sua vez, têm a função de relatar o andamento do projeto ou trabalho que estão desenvolvendo, e podem contar com a subjetividade dos participantes na escrita.

4.14. Como garantir a leitura e compreensão da bibliografia básica?

Técnica da Leitura Dirigida

Professores e monitores propõem a leitura de textos considerados fundamentais para o entendimento da disciplina. A turma é dividida em grupos e, para cada grupo, é designada a leitura de um texto. Junto a isso, os participantes também escolhem um texto de seu interesse, que esteja alinhado com o conteúdo da ementa. Na aula posterior, os grupos reúnem-se para discutir o texto principal e os textos de escolha individual. Essa dinâmica de grupos pode seguir o formato da técnica de *Pequenos círculos*.

Técnica de "Traga seu Livro"

Cada estudante traz um livro (gênero livre) de sua escolha para a aula. Pede-se para que perguntas relativas à disciplina sejam respondidas com passagens do livro. Os livros são passados de mão em mão, de modo a exercitar o pensamento acerca da disciplina por meio de outras fontes. Também é um estímulo à leitura e uma forma de uns conhecerem os interesses literários dos outros.

4.15. Como estimular a autonomia do estudante?

Técnica da Roda Muda

Com um determinado tema ou conteúdo a ser discutido em sala, os estudantes buscam falar sobre o que aprenderam sem a intervenção de professores e monitores, que se mantêm calados ao longo da dinâmica. Dessa forma, os estudantes se empenham em buscar respostas a partir de seus próprios repertórios e tirar dúvidas entre si. Recomenda-se pedir aos alunos que leiam um texto ou façam alguma pesquisa antes da atividade.

4.16. Quais são as formas de avaliação?

Técnica da Avaliação Intermediária (do módulo)

Dividida nos três módulos de uma Metadisciplina, constitui-se como uma nota progressiva e acumulativa que culminará na nota final de cada participante. As distribuições, pesos e divisões que cada avaliação possui são decididos nos planejamentos, conjuntamente. No último módulo, passa a se chamar *Avaliação final*, que normalmente vem acompanhada da avaliação da disciplina por meio de depoimentos e reflexões sobre os aprendizados.

Técnica da Autoavaliação (todo módulo)

Reflexão por parte dos alunos sobre seus desenvolvimentos, estudos e contribuições, tanto individuais quanto coletivas, na Metadisciplina. Ocorre em cada um dos três módulos que compõem uma metadisciplina e tem o objetivo de incentivar os estudantes que estão envolvidos e compromissados com a abordagem e, ao mesmo tempo, resgatar para o processo aqueles que estão mais distantes e desinteressados. Geralmente é somada aos critérios de avaliação definidos em grupo. A autoavaliação é um ótimo termômetro de consciência do próprio processo e às vezes funciona como um desabafo.

Técnica da Ficha de Observação

Documento de página única, de aparência variável, com informações fundamentais sobre a disciplina – o conteúdo a ser aprendido – e com espaços em branco que podem ser preenchidos pelos estudantes a respeito de cada aula. Analisando a ficha, os estudantes fixam e refletem sobre os conteúdos essenciais das disciplinas. Na Metadisciplina, o uso da ficha se dá ao final de cada aula. Os estudantes identificam os itens da ficha que estiveram presentes naquele encontro. Tal identificação pode ser feita de diversas formas: individualmente, em pequenos grupos e coletivamente. Mesmo quando feita individualmente, o entendimento dos itens da ficha por cada participante é compartilhado com toda a turma em um momento posterior. O uso da ficha não necessariamente compõe a nota.

4.17. Como definir conjuntamente os critérios de uma avaliação?

Técnica da Lousa Participativa

Em conjunto, define-se com anotações na lousa (quem identificar o conteúdo e/ou prática a serem avaliados, anota) quais habilidades devem ser construídas no módulo ou atividade que estiver sob avaliação.

Técnica da Proposição Aberta

Os professores, estudantes ou monitores levam uma proposta, argumentam sobre ela e dão abertura para os demais opinarem, com a possibilidade de mudança das porcentagens e critérios.

Interlúdio Victor Furtado

A construção de nós mesmos como indivíduos e coletivos passa a todo momento por uma constante transformação. É impossível conter as ramificações que cada fenômeno com o qual nos deparamos gera. Essas mesmas ramificações desencadeiam uma inquietude tão grande no processo de aprender a se conhecer que quase todos os dias são como uma montanha-russa. Porque de fato são, e esse foi um dos motivos que mais me fizeram me envolver com a Metadisciplina.

O nosso processo aberto de ensino e aprendizagem anseia por exercitar não só os conteúdos empíricos que uma disciplina deve conter, mas também anseia por exercitar a cidadania e a humanidade que pulsa em cada um de nós.

Por que eu devo ir a uma aula? Por que eu tenho que escrever sobre isso ou aquilo? Por que eu tenho que pensar quando estou dentro de uma sala de aula? Me entregue o que você quer que eu saiba aprender. Esses são uns poucos dos inúmeros questionamentos que rondam qualquer ambiente de ensino, e são só o começo de uma série de imbricações tecno-psico-sociais etc. etc. etc. que assim culminam no fim das nações.

A construção e a utilização da Metadisciplina na produção de conhecimentos dentro da sala de aula é um desejo, um processo, um pensamento genuíno, mas acima de tudo é um acontecimento humano. Humano não só por reconhecer que, ironicamente, seus componentes são humanos, mas também porque ela, em si mesma, transforma junto com estes mesmos componentes. A Metadisciplina é um ser vivo, que respira, que anda, que deseja, que faz e que pensa.

É por isso que sinto tanta dificuldade para descrevê-la; é como descrever um ser que você nunca viu, mas sabe que existe, porque você sente. Já pensei várias vezes se estive no local certo, na graduação certa, na pesquisa certa. No final não chego a conclusões fechadas, mas, assim como a própria Metadisciplina, pulso, tento e aprendo. Às vezes mais intuitivamente, às vezes mais racionalmente, mas sempre mutável.

Victor.

*Em cada experiência,
uma nova elaboração.
Mais perguntas.
Mais investigação.*

sete
histórico

Linha do tempo de aplicações da Metadisciplina.

2014

📍CASₐ (FACED)
- 🔴 Didática

📍Design
- 🔴 Métodos de representação

2015

📍Design
- 🟡 Projeto de Produto IV
- 🔵 Semiótica

📖 P&D 2016

2016

📍FACED
- 🔴 Educação, Configurações Contemporâneas de Espaços-tempos, Sociedade e Composição Humana

📍Design
- 🟡 Projeto de Produto IV
- 🔵 Semiótica

📖 P&D 2016

2017

📍Design
- 🔵 Semiótica
- 🟡 Projeto II
- 🟡 Projeto de Produto IV

📖 CIDI 2017

2018

📍Design
- 🟡 Tópicos Avançados em Teoria e História (TATH)
- 🔵 Semiótica
- 🟡 Projeto de Produto IV
- 🟡 Projeto II

📖 P&D 2018

📖 ENDIPE 2018

2019

📍CASₐ (FACED)
- 🟡 TATH/Metadisciplina

📍Design
- 🔵 Semiótica
- 🟡 Projeto de Produto IV
- 🟡 Projeto II
- 🔴 Desenho de Observação

📖 CIDI 2019

📍 **Local**

📖 **Publicação**

🟡 **Disciplinas teórico-práticas**
O amarelo representa a primeiridade da Semiótica, possibilidades.

🔴 **Disciplinas práticas**
O rosa representa a secundidade da Semiótica, realização.

🔵 **Disciplinas teóricas**
O azul representa a terceiridade da Semiótica, reflexão.

A Metadisciplina nasce concomitantemente à sua aplicação, no segundo semestre de 2014, durante a experiência de uma professora do curso de Design da Universidade Federal do Ceará (UFC), como participante da disciplina de Didática na Faculdade de Educação da mesma universidade. Em comum acordo com o professor de Didática e com os estudantes da disciplina Métodos de Representação, à noite se aprendia algo em Didática, e na manhã seguinte o aprendizado era compartilhado e aplicado em Métodos de Representação. Desde então, a abordagem vem sendo experimentada e aperfeiçoada por meio da pesquisa-ação no curso de Design, nas disciplinas de Semiótica (2015.1, 2016.1, 2017.1, 2018.1 e 2019.1); Projeto de Produto 4 (2015.2, 2016.2, 2017.2 e 2018.2); Projeto 2 (2017.2, 2018.2), Tópicos Avançados em Teoria e História (2018.1 e em 2019.1) e Desenho de Observação (2019.1). Em 2019, é trazida pela primeira vez como conteúdo da disciplina optativa Tópicos Avançados em Teoria e História, conjuntamente com o curso "Criando e desenvolvendo metodologias ativas com a Metadisciplina", na Comunidade de Cooperação e Aprendizagem Significativa (CASa), oferecido para professores em período probatório.

Em cada experiência uma nova elaboração. Mais perguntas. Mais investigação. No segundo semestre de 2016, a disciplina "Educação, Configurações Contemporâneas de Espaços-tempos, Sociedade e Composição Humana" da Faculdade de Educação da UFC (FACED) acolhe a proposta da Metadisciplina como parte de um experimento didático, que inclui a junção de estudantes de graduação, de pós-graduação, a professora do Design e mais quatro professores da Educação. A partir dessa experiência, identifica-se a necessidade de dar início a uma pesquisa sobre Metadisciplina, que tem início em 2017, com um grupo de pesquisa.

"Metadisciplina: um enfoque semiótico" nasce com o objetivo principal de ampliar conhecimentos sobre os processos de ensino e de aprendizagem na confluência das áreas de Semiótica, Educação e Design. Seu desenvolvimento parte de um estudo de caso da disciplina de Semiótica em 2016.1 e de uma pesquisa-ação na mesma disciplina em 2017.1, que conta com a presença dos estudantes pesquisadores como monitores. Os resultados de 2017 enfatizam a fundamentação semiótica, o processo criativo e a organização triádica dos parâmetros da Metadisciplina, que pouco a pouco passa a permear toda a construção de sentido da pesquisa.

Ainda em 2017, a Metadisciplina é implementada na disciplina de Projeto de Produto 4 (PP4) pela terceira vez no curso de Design e, pela primeira vez, conta com pesquisadores que são, ao mesmo tempo, pesquisadores e estudantes da mesma disciplina - o que permite uma imersão ainda mais profunda no processo de pesquisa-ação. Em 2018, o grupo ganha mais alunos interessados em participar da pesquisa e uma maior complexidade com a ampliação dos estudos de caso, que passa a incluir a disciplina de PP4 (2015, 2016 e 2017) e a ênfase direcionada aos aspectos e fundamentos do Design. A disciplina de PP4 apresenta conteúdos que encontram paralelos na abordagem e, com isso, o grupo de pesquisa identifica um avanço no entendimento das relações da Metadisciplina com o Design.

Os conceitos do Metaprojeto, a metodologia do HCD e o Metadesign passam a ser reconhecidos como áreas do Design vinculadas à pesquisa e o grupo começa a organizar informações relativas à abordagem por meio de diagramas de Venn.

A pesquisa traz à tona dados de todas as disciplinas em que a Metadisciplina já foi aplicada na busca de diretrizes que tornem possível sua aplicação em qualquer outra disciplina. Nessa etapa, o que foi prática pedagógica nos anos anteriores passa a ser um conjunto de parâmetros e dados verificáveis, e o que era contexto de pesquisa passa a ser fonte primária de informação. No mesmo ano, a pesquisa é apresentada no XIX Encontro Nacional de Didática e Práticas de Ensino (ENDIPE - 2018) com um artigo focado exclusivamente nos diagramas, explicitando as inter-relações da Metadisciplina com cada fundamento de sua respectiva área do conhecimento. A evolução da pesquisa é acompanhada pelas mudanças do título do projeto de pesquisa, que passa a ser "Metadisciplina: Semiótica, Design, Ensino e Aprendizagem em confluência" e posteriormente "Metadisciplina: Design, Semiótica e Didática em uma nova abordagem".

Em 2019, ao mesmo tempo em que continua sendo aplicada em diversas disciplinas do curso de Design, a Metadisciplina se torna simultaneamente forma e conteúdo ao ser incorporada no CASa. São reunidos, em uma mesma turma, professores de campos distintos (Língua estrangeira, Pedagogia, Medicina, Engenharia de Pesca etc.) e alunos dos cursos de Design e de Arquitetura e Urbanismo. A experiência de ensiná-la por intermédio de seus próprios parâmetros auxilia o refinamento dos métodos da abordagem e possibilita a verificação de que a Metadisciplina pode sim ser aplicada em diferentes áreas do conhecimento, além das que a fundamentam. Uma das professoras participantes do curso tem um procedimento similar ao que ocorreu em 2014: enquanto cursa a Metadisciplina, traduz e aplica seus fundamentos, princípios e diretrizes no ensino de língua italiana a seus alunos. No final do semestre, por intermédio desta professora, é aprovado um curso de língua estrangeira fundamentado na Metadisciplina.

O processo de aplicação da Metadisciplina se dá de maneira combinada, que varia com os conceitos progressivamente identificados pelo grupo de pesquisa e as linhas de pensamento e interpretação que cada turma oferece como resultado das aplicações da abordagem. Entre os membros do grupo de pesquisa, o uso de elementos gráficos para a comunicação dos conceitos e experiências da Metadisciplina é uma via de mão dupla. Enquanto permite a visualização das informações e possibilita o entendimento da abordagem pelo público, também auxilia na compreensão e ressignificação do processo pelo próprio grupo de pesquisa. A utilização de noções do Design para o entendimento e desenvolvimento da pesquisa em Metadisciplina não ocorre pura e simplesmente porque a abordagem foi desenvolvida em um curso de Design, mas principalmente pelo uso de signos organizacionais como um modo de aprendizagem em que se consegue materializar os conteúdos e relacioná-los entre si.

Com os resultados da pesquisa de 2018, o grupo se vê diante de uma abordagem que pode ser aplicada e difundida. Essa etapa, porém, é apenas mais uma parte de um processo contínuo, em constante evolução. Na tentativa de visualizar os próximos passos da Metadisciplina, nos perguntamos: quais serão suas especificidades, transformações e traduções em outras áreas do conhecimento? Haverá uma Metadidática com a transposição da Metadisciplina das salas de aula à formação de docentes? É possível estender a estrutura da Metadisciplina para um âmbito curricular, na formação de cursos? Com essas questões em mente, refletimos sobre os caminhos possíveis.

metadisciplina

Linha do tempo das aplicações e evoluções da Metadisciplina.

2014

Métodos de Representação
- Estudantes escolhem o que querem desenvolver na disciplina.
- Definição conjunta entre professor e estudantes dos módulos a serem realizados no semestre:
  1º querer juntos,
  2º fazer juntos,
  3º pensar juntos.
- Diário gráfico como forma de registro e memória.
- Objetivos e metodologia entram como fundamentos da Didática na Metadisciplina.

2015

Semiótica
- As categorias fenomenológicas do Peirce - primeiridade, secundidade e terceiridade - entram como fundamentos da Semiótica e passam a estruturar a Metadisciplina.
- Definição dos módulos, por ser uma disciplina teórica:
  1º pensar juntos;
  2º fazer juntos;
  3º querer juntos.
- Aplicação de leitura compartilhada da aprendizagem cooperativa.

Projeto de Produto 4
- Plataforma compartilhada de informações (blog).
- Estudantes escolhem os temas de seus projetos nessa disciplina.
- O Metaprojeto entra como fundamento de Design da Metadisciplina.
- Definição dos módulos:
  1º querer juntos;
  2º fazer juntos,
  3º pensar juntos.

2016

Educação, Configurações Contemporâneas de Espaços-tempos, Sociedade e Composição Humana
- Primeira vez no Curso de Pedagogia.
- Início da memória de aula, com experimentação em diferentes linguagens.
- Composição conjunta (professores e estudantes) do planejamento da disciplina.
- Avaliação entra como fundamento da Didática na Metadisciplina.

Semiótica
- Técnica da Roda Muda é aplicada pela primeira vez.

Projeto de Produto IV
- Monitores da disciplina auxiliam no planejamento das aulas.
- Estudantes escolhem como integrar com a disciplina Projeto Gráfico IV.
- Diários (relatos) são integrados como a melhor plataforma compartilhada de informações por serem interativos - Docs individuais no *Google Drive*.
- Metadesign entra como fundamento do Design na Metadisciplina.
- Estudantes definem critérios e porcentagens das avaliações intermediárias e finais.

2017

SEMIÓTICA
- Primeira composição do grupo de pesquisa (Lilu, Lya, Rond, Alex). "Metadisciplina: uma abordagem Semiótica" é desenvolvida.
- Uma das aulas é conduzida pelos monitores-pesquisadores pela primeira vez.

PROJETO DE PRODUTO 4
- Formação de grupos por interesses temáticos que podem se individualizar por necessidades pessoais ou de projeto.
- Planejamento da disciplina feito com os estudantes.
- Uso frequente da lousa participativa para reunir as proposições de toda a turma em tempo real.
- Definição das apresentações e avaliações de cada módulo em conjunto.
- HCD entra como fundamento do Design na Metadisciplina.

PROJETO 2 (DESIGN + ARTESANATO)
- Estudantes pedem para escolher o tema do projeto pela primeira vez.
- Na integração com a disciplina Elementos de Programação Visual, estudantes realizam produtos finais gráficos, ilustrados, pela primeira vez.

2018

TÓPICOS AVANÇADOS EM TEORIA E HISTÓRIA (SEMIÓTICA AVANÇADA)
- Primeiro entendimento dos módulos (Querer, Fazer e Pensar juntos) como um método da Metadisciplina.
- Planejamento da disciplina e do cronograma com os estudantes, com definição prévia do que seriam as sínteses de cada módulo e suas respectivas avaliações.
- Segunda formação do grupo de pesquisa (Lilu, Edu, Lya, Rond, Alex, Victor, Alline).

SEMIÓTICA
- Incorporação do diário em somente um módulo, o que ressalta a flexibilidade das técnicas.

PROJETO DE PRODUTO 4
- Definição dos critérios da plataforma de compartilhamento: processual, individual, interativa, aberta.
- Rodízios quinzenais de conversas, expor e ouvir problemas, pontos de vista e compartilhar soluções com os pares.

PROJETO 2
- Integração com a disciplina Projeto de Produto 4 por trabalharem com o mesmo tema.
- O Varal - Laboratório de Design Social da UFC integra-se à disciplina com dados e aulas sobre o projeto de extensão (artesanato com barro em Moita Redonda).
- Um grupo escolhe organizar os trabalhos dos outros grupos, e o resultado transforma-se em um novo projeto para a comunidade de artesãos.

2019

TÓPICOS AVANÇADOS DE TEORIA E HISTÓRIA (METADISCIPLINA)
- Disciplina integrada com um curso para professores em período probatório, com estudantes/professores juntos em uma mesma disciplina.
- Primeira vez que a Metadisciplina é também conteúdo da disciplina.
- Uso da Ficha de Observação como dispositivo didático.

DESENHO DE OBSERVAÇÃO
- Transformação estrutural na disciplina.
- Início com o módulo Fazer Juntos
- Integração com a disciplina Projeto 1.
- Reconhecimento dos aprimoramentos: inicio com a identificação dos repertórios técnicos dos estudantes; definição e prática de técnicas de desenho necessárias; oferta de mais referências da prática do Desenho em Design.

SEMIÓTICA
- Identificação pelo grupo de pesquisa da importância de aplicar a Ficha de Observação nesta disciplina, para garantir o aprendizado do conteúdo teórico.

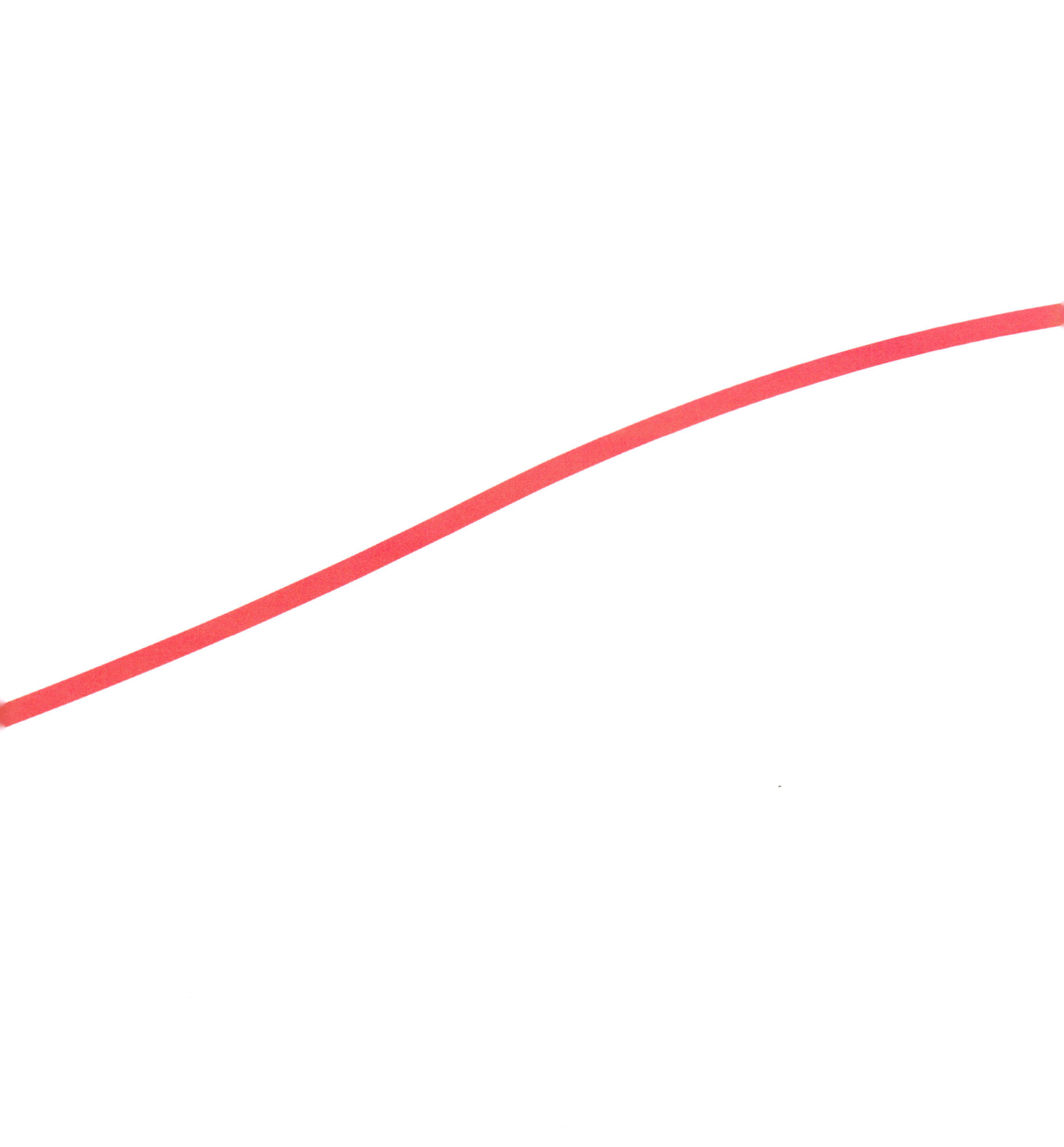

"

A Metadisciplina é o encontro legitimado de poder se conhecer, sendo intencional e um pré-requisito do ensinar e aprender. Não sendo de qualquer forma, requer vontade, seriedade e consciência por almejar uma crença da construção do coletivo, com um resultado não-preciso, mas organizado dentro de possibilidades. Mais do que ser flexível dentro de uma estrutura, o que mais me encanta é o que se permite ser ali dentro: a autonomia e a doação ao momento presente. É um improviso planejado, uma dança que você não sabe o passo, mas sabe o ritmo a seguir e aonde se quer chegar. Em prol de uma coisa única e sem volta: a transformação de si e do conjunto. Pensar na minha transformação em sala de aula me faz ter um suspiro forte e lento de gratidão por ainda cedo ter conseguido ter um nó de esperança e referência no ensino-aprendizagem. Estar presente nesse grupo de pesquisa me dá uma mistura de orgulho, desafio e esperança pelo que está por vir. Vejo-me com um olhar completamente renovado para além da sala de aula. Sinto-me emancipada pós-Metadisciplina.

Marina.

"

Vou logo falar que a Metadisciplina não é fácil de engolir, principalmente para quem se acostumou com abordagens que envolvem um pensamento não muito crítico e bastante mecanizado. Eu fui muito essa pessoa, e não carrego culpa alguma. Depois de muito tempo julgando e resistindo, achando que a Metadisciplina era uma abordagem preguiçosa, em que quem trabalhava e pensava exaustivamente as aulas não eram os professores, e sim os alunos, pude me permitir e ter a melhor experiência dentro da graduação. Dentro de uma metadisciplina projetei contextos em que quis atuar, integrei movimentos e os processos que planejei transformar e em que me inseri como um agente capaz de conectar elementos dentro de um sistema cocriado junto a um grupo de colegas. Foi tudo! Depois de refletir sobre os resultados do projeto, entendi o impacto que a Metadisciplina pode ter nas pessoas e, con-

sequentemente, no ensino, devido a ser uma abordagem que foge do mecanizado e coloca o aluno como protagonista da própria história, gerando autonomia e, principalmente, pensamento crítico. Hoje faço parte desse grupo de pesquisa por acreditar no potencial de transformação dessa abordagem. O sentimento é de gratidão, ao ver as oportunidades que me foram dadas, e de felicidade, ao pensar no rumo que a educação pode tomar com as metadisciplinas que estão para se formar.

Adson.

O que queremos?
Pra onde vamos?
Como continuaremos?
A Metadisciplina segue
em pesquisas e aplicações.
Este capítulo traz
expectativas e questões
que indicam caminhos
possíveis.

oito
entrelinhas e sentidos

Entre, linhas, por favor!

Este capítulo se chamava *Anseios e Provocações* quando o livro ainda estava no estado latente das ideias. A intenção era que ele expressasse nossas expectativas sobre o prosseguimento da pesquisa e provocasse você a se instigar sobre como a Metadisciplina pode fazer parte de seus devaneios, sentimentos, ações, experimentações, pensamentos, projetos... Mas, como a própria Metadisciplina, aconteceram muitas variações e adaptações no processo de composição do livro. Para que este capítulo faça jus à mudança de seu nome, vamos deixar que entre suas linhas apareçam sentidos.

Sobre aplicar Metadisciplina

Embora ofereçamos uma explanação da abordagem, com seus princípios, fundamentos e diretrizes, entendemos que sua manifestação pode ocorrer de forma parcial. Um professor pode se identificar somente com alguns aspectos da abordagem, e isso não é um problema. Acreditamos que mesmo uma tímida semente da Metadisciplina tem potencial para florescer em vivências significativas e, em combinação com contextos singulares, resultar em novas estruturas de produção de conhecimento as quais sequer imaginamos. Situações que, independente de como se apresentam, façam os participantes se perguntarem se aquele ensino e aprendizagem foram enriquecedores para si e responderem de forma positiva. Nosso desejo é que esta abordagem não suscite apenas uma reconfiguração das aulas, mas uma transformação pessoal, que instigue reflexão no viver como um todo: reflexões sobre o que queremos, por que fazemos, como pensamos. Na dimensão da sala de aula, isso se traduz na maneira com que um conteúdo específico é adquirido e construído e, simultaneamente, também aprendemos um pouco mais sobre quem realmente somos. Por esse motivo, é importante que, em uma aplicação da abordagem, todos os participantes estejam conscientes sobre o processo: cabe ao professor a mediação do entendimento dos estudantes sobre a plataforma que estão utilizando. Entender os porquês é essencial para o sucesso de uma experiência de Metadisciplina.

Escondidos no labirinto de nós mesmos

Como se fosse possível concluir o que está aberto à continuidade, seguimos na tessitura das entrelinhas de nossos desejos, às vezes escondidos no labirinto do que ainda não sabemos, às vezes camuflados em críticas que se espelham no fora de nós mesmos, ou ainda no impalpável, mas explícito e claro nascer do sol em nossas consciências. A linha de Ariadne é essa mesma luz.

Sobre as Resistências

Para que a abordagem não se torne uma imposição, lembramos que a proposição de Metadisciplina só se materializa quando todos os estudantes compreendem que suas participações são imprescindíveis. Entretanto, é natural que surjam resistências ao longo do processo. Desvencilhar-se de um sistema tradicional de ensino e aprendizagem não é uma tarefa fácil; investigar o âmago de si mesmo para obter respostas, aquelas que não encontramos no Google, menos ainda. Devemos acolher as resistências por parte dos estudantes e dar uma atenção especial àqueles que as apresentam, como uma investigação conjunta de suas angústias e de seus desejos. As resistências podem ter raízes em âmbitos diversos: problemas de família, exaustão física ou mental, dificuldade em saber o que se quer, timidez, frustração em não ver o projeto se realizar da forma como imaginou, ou até mesmo preguiça. A compreensão e empatia do professor a respeito desses cenários, quando o estudante lhe dá abertura, é uma ponte para uma vazão efetiva e consciente dos quereres daquele estudante. Em uma aplicação de Metadisciplina, alguns estudantes podem se sentir um tanto quanto pressionados em relação ao aceite da proposta: ao perceberem colegas concordando, sentem que devem concordar também, mesmo quando não se sentem seguros. Essas inseguranças também podem vir a se tornar resistências. Da mesma forma, devemos buscar percebê-las a tempo e entender seus motivos. Para amenizá-las, a Metadisciplina requer um tempo de maturação para que os estudantes sintam a proposta antes de, oficialmente, aceitá-la. Nas primeiras aulas, o professor pode introduzir alguns métodos implicados na abordagem e gradualmente revelar a proposição. Assim, a compreensão inicial da Metadisciplina por parte dos estudantes é baseada não somente no que é dito pelo professor, mas também no que já foi vivenciado. O reconhecimento de si como indivíduo autônomo e emancipado, ainda que seja um árduo atributo a ser alcançado, é um aspecto de consciência imprescindível no objetivo de construção de ambientes educacionais participativos e criativos. Talvez uma estrutura em que a proposta do desenvolvimento da autonomia e da autogestão estejam pautadas em um planejamento aberto seja uma forma de lidar com esse problema. Mas, para que essa proposição se concretize, cabe aos participantes as iniciativas de se abrirem a novos saberes e de se engajarem nessa produção conjunta, aula a aula. Direcionar os participantes diante dessa gama de possibilidades, sempre guiados pela bússola do querer, é um grande desafio. Mas a convivência com os interesses individuais e coletivos, afinal, é o que faz pulsar a essência da Metadisciplina.

Circunvoluções e Espirais

Desejos de ser, de estar, de aprender, de ensinar, no simples, no improvável, na bolha infinita do impossível que precede o instante, na imensidão poética da realidade de toda e qualquer existência, na ciência do que cresce, no milagre dos caminhos que se bifurcam em diferentes sentidos, nossa evolução é diária, mora no cotidiano de nós mesmos, nos filtros de nossas percepções, no questionamento de nossas convicções absolutas, na construção paulatina de verdades móveis. A sala de aula pode ser um ambiente de partilha ideal para a construção de conhecimentos, mas a escola da vida não tem grade curricular. Nossos pré-requisitos são as vivências que absorvemos na alma, nas experiências inesquecíveis, nos conselhos que nos salvam de nossos próprios dragões. Às vezes a maior lição é reconhecer os erros, pedir desculpas, perdoar-se. A partir disso é possível rever processos, reconhecer repetições de outros possíveis equívocos e, assim, construir as estruturas para seguir adiante, com dignidade, paciência e perseverança.

Sobre nossas aspirações

Nossas aplicações, até o momento, contemplaram o curso de Design. Acompanhamos, aos poucos, reverberações que apontam para uma expansão da Metadisciplina em um futuro próximo: as professoras que a experimentaram durante seu período probatório já incorporaram algumas práticas da abordagem em suas disciplinas e possuem planos para aplicá-la de forma integral. Observamos também algumas manifestações por parte de professores do curso de Design que já tiveram contato com nossos métodos ao ministrar disciplinas em conjunto com a professora que idealizou a Metadisciplina. Assim como a ação da Metadisciplina na sala de aula, a Metadisciplina enquanto pesquisa se transforma a cada novo contexto: seu aperfeiçoamento é constante e o conteúdo deste livro não está gravado em pedra. Idealizamos um cenário em que os professores que apliquem a abordagem estejam inseridos em uma rede em que possam interagir e trocar informações de modo a fomentar essa transformação. O que queremos? Para onde vamos? Como continuaremos? Poderíamos, então, expandir a Metadisciplina de modo a contemplar não somente a disciplina, mas também o currículo? Encaminhá-la para que se torne uma escola ou universidade livre, em que os estudantes não se formam em cursos específicos, mas sim em suas próprias especificidades, no que querem ser? Imaginamos esse panorama quando percebemos, a partir de conversas com outros professores, que a transição da abordagem convencional para a abordagem da Metadisciplina envolve muitos empecilhos. Por mais que um docente esteja interessado em propô-la para seus estudantes, o sistema em que está inserido nem sempre será favorável. Um professor de ensino médio pode ter dificuldade em conduzir os módulos da Metadisciplina e, ao mesmo tempo, preencher os requisitos de um currículo que tem como objetivo final preparar os alunos para um único estilo de seleção de ingresso na universidade. Como lidar, então, com sistemas rígidos? Apesar das resistências e adversidades, acreditamos que, mesmo em processos mais fechados de educação, uma abordagem tão aberta é possível, se nascer do desejo e da ação coletiva.

A Metadisciplina segue, em pesquisas e aplicações.

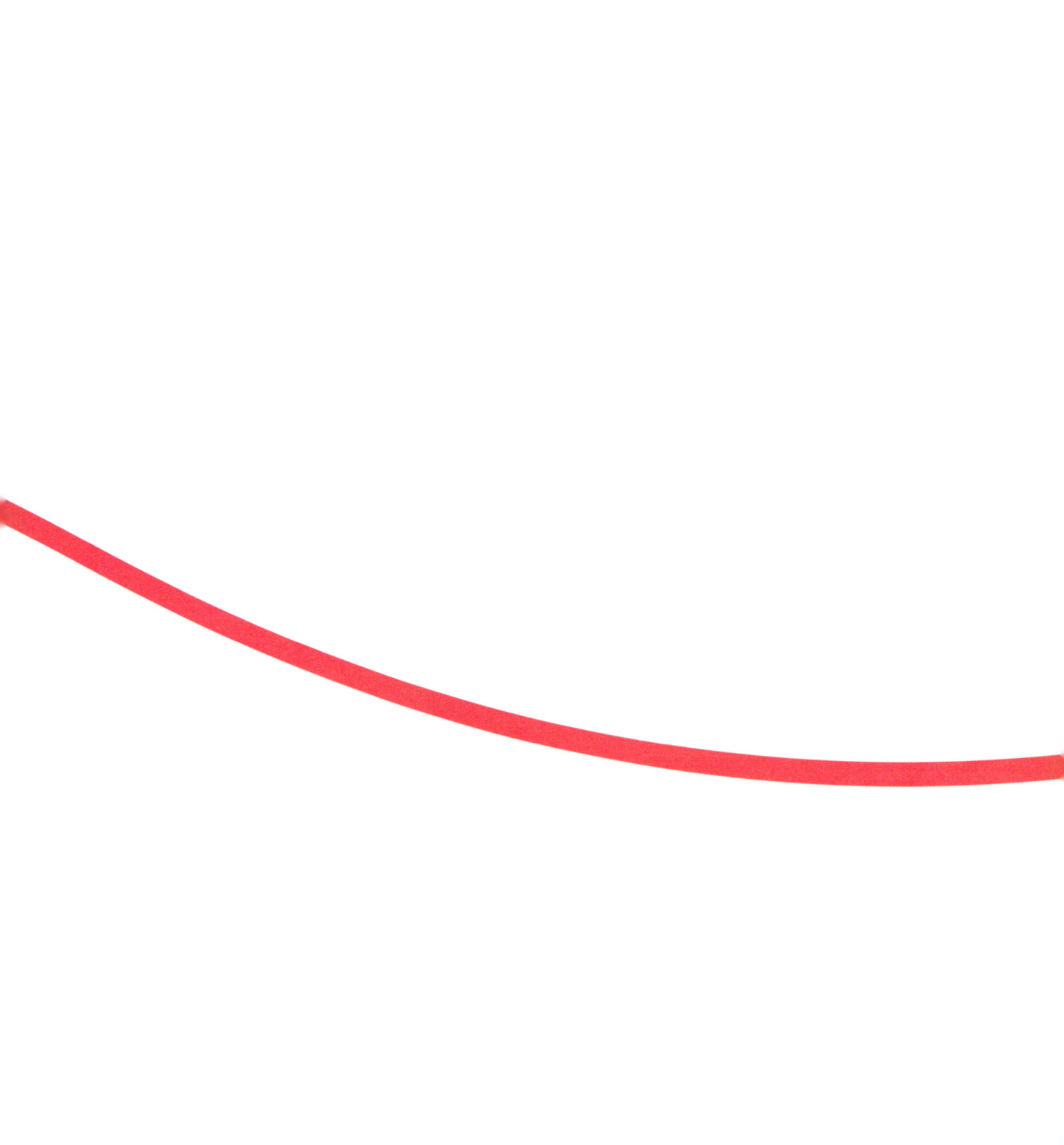

A Metadisciplina? Bom, a Metadisciplina me ganhou quando em Projeto de Produto 4 me deparei com a pergunta de o que eu queria fazer, quais meus interesses. Embora essa pergunta assuste muita gente, eu me senti liberta e soube que eu gostava disso. E nesse momento eu quis ir mais além na própria Metadisciplina. Ela é uma oportunidade de mudança da sala de aula, uma mudança boa, uma mudança para melhor. Ao ter a oportunidade de acompanhar mais de perto a Meta, seja lendo os artigos já escritos, seja na pesquisa, ou mesmo nas monitorias de Semiótica e Desenho de Observação (em 2019.1), acabei me apaixonando cada vez mais mais pela ideia dessa sala de aula onde os alunos têm voz, onde os quereres fazem diferença, onde todos podem optar no que está acontecendo. A Metadisciplina é de fato uma inovação e eu me considero sortuda em poder ajudar na sua pesquisa e aplicação.

Rafaela.

"

Eu li em algum lugar um dia que as melhores coisas que a gente faz na vida começam com medo. Eu consigo identificar isso atualmente porque o novo sempre dá um pouco de medo, mas o sentimento que existe depois de enfrentar essa primeira barreira é de gratidão, por estar num lugar em que é notório o crescimento conjunto. Estando somente há 2 meses no grupo de pesquisa, eu já sinto que aprendi muito e fico com aquela ansiedade boa em pensar no tanto que ainda vou aprender com a troca de ideias e com a construção de coisas que vão/estão sendo feitas juntas. Por isso eu penso que a abordagem tem muito a acrescentar ao aluno, uma vez que eu, como aluna, já fiz metadisciplinas e vi o quanto eu

aprendi, acompanhei o meu processo e o processo da turma toda. Era como se, em alguns momentos, a sala funcionasse como um organismo único trabalhando em conjunto e agregando saberes individuais para cada aluno.

Seria mais fácil ter "aprendido" na configuração tradicional da sala de aula, mas hoje eu já não lembraria, por isso as aspas no "aprendido", porque poderia facilmente ser trocado por "decorado". Participar do processo de construção de conhecimento na sala de aula fez muita diferença para mim, e quero poder agregar ao estudo e ao desenvolvimento dessa abordagem.

Vitória.

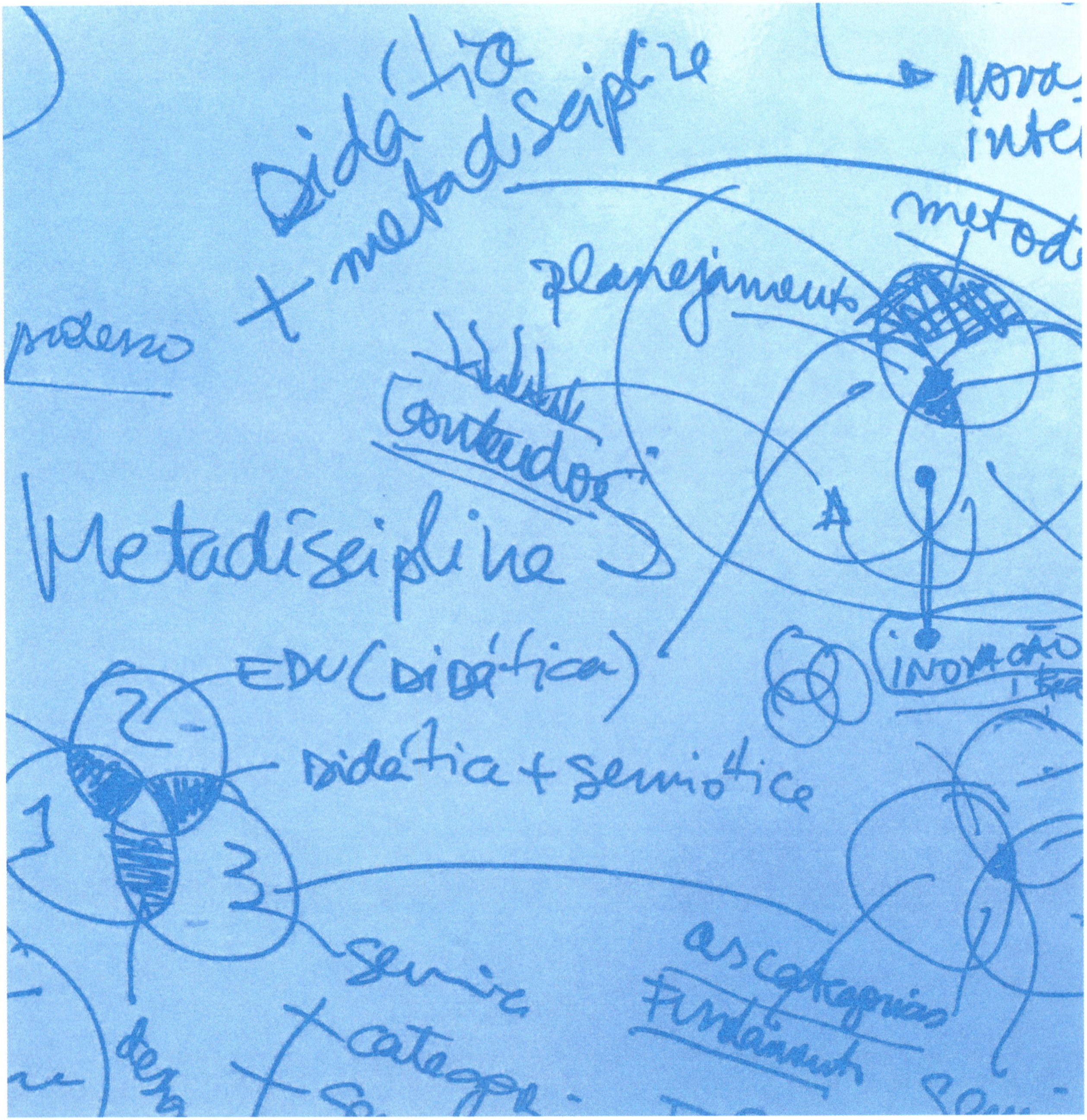

Didática
+ metadisciplize

processo

planejamento

conteúdos

Metadisciplina

EDU(Didática)

Didática + semiótica

nova
inter

metod

A

INOVAÇÃO

as categorias
fundamento

semio
+ categoria

As referências entram
como capítulo com o
objetivo de ressaltar a sua
importância no processo
de desenvolvimento da
Metadisciplina.

nove
referências bibliográficas

Outras publicações dos autores vinculadas à Metadisciplina

LOUREIRO JR. Eduardo. A. P.; SILVA, Anna. L. S. V.; SANTANA, Ana. C. S.; BORGES NETO, Hermínio. MENDONÇA, José. R. Didática, Design e Educomunicação: aprendizagem a partir dos estudantes, *In:* XIX ENCONTRO NACIONAL DE DIDÁTICA E PRÁTICAS DE ENSINO, 19., 2018, Bahia. **Anais do XIX Encontro Nacional de Didática e Práticas de Ensino** [UFBA ENDIPE 2018 v1, nº 40] Bahia: UFBA, 2018.

LOUREIRO JR. Eduardo. A. P.; SILVA, Anna. L. S. V.; SOUSA, Carlos. E. M.; JOSINO, Lara. D. M.; BRANCO, Levi. H. C.; "Didática e Projeto de Produto 4: a coerência de um desafio metodológico colaborativo. *In:* CONGRESSO BRASILEIRO DE PESQUISA E DESENVOLVIMENTO EM DESIGN, 12., 2016, São Paulo. **Anais do 12º Congresso Brasileiro de Pesquisa e Desenvolvimento em Design** [Blucher Design Proceedings, v. 9, n. 2] São Paulo: Blucher, 2016. P. 2689-2701. Disponível em: http://www.proceedings.blucher.com.br/article-details/didtica-e-projeto-de-produto-4-a-coerncia-de-um-desafio-metodolgico-colaborativo-24466. Acesso em: 10 fev. 2020.

SILVA, Anna L. S. V. Contribuições da disciplina Didática I à minha prática docente. *In:* BARGUIL, Paulo M. (Org.). **Aprendiz, Docência e Escola:** Novas Perspectivas. 1 ed. Fortaleza: Imprece, 2017. cap. 2, p. 43-58.

SILVA, Anna. L. S. V.; LOUREIRO JR. Eduardo. A. P.; MARTINS, Elcimar S.; ALBUQUERQUE Luiz. B.; BARGUIL, Paulo. M. Protagonismo discente na (pós-)graduação: uma experiência partilhada com/por um quinteto docente. *In:* BARGUIL, Paulo. M. (org.). **Aprendiz, Docência e Escola:** Novas Perspectivas. 1 ed. Fortaleza: Imprece, 2017. cap. 2, p. 59-69.

SILVA, Anna. L. S. V.; CALVET, Lya B.; MOREIRA, Alline A. B.; CARNEIRO, Alexander C.; FURTADO, Victor. S. M.; "Metadisciplina na Inter-relação entre o Design e a Educação", p. 835-849 . *In:* CONGRESSO PESQUISA E DESENVOLVIMENTO EM DESIGN, 13. 2018, São Paulo. **Anais do 13º Congresso Pesquisa e Desenvolvimento em Design**. São Paulo: Blucher, 2019, p. 835-849. Disponível em: https://www.proceedings.blucher.com.br/article-details/metadisciplina-na-inter-relao-entre-o-design-e-a-educao-29961. Acesso em: 10 fev. 2020.

SILVA, Anna L. S. V.; CALVET, Lya B.; CARNEIRO, Alexander C.; MENDONÇA, José R. S. "Semiótica e Design de Informação: uma experiência didática de metadisciplina", p. 539-551. *In:* CONGRESSO INTERNACIONAL DE DESIGN DA INFORMAÇÃO/CONGRESSO NACIONAL DE INICIAÇÃO CIENTÍFICA EM DESIGN DA INFORMAÇÃO, 8. 2018, São Paulo. **Anais do 8º Congresso Internacional de Design da Informação / 8º Congresso Nacional de Iniciação Científica em design da informação.** [Blucher Design Proceedings, abril 2018 v. 4, n. 5]. São Paulo: Blucher, 2018. Disponível em: http://www.proceedings.blucher.com.br/article-details/semitica-e-design-de-informao-uma-experincia-didtica-de-metadiciplina-28037. Acesso em: 10 fev. 2020.

SILVA, Anna L. S. V.; CALVET, Lya B.; CARNEIRO, Alexander C.; LOUREIRO JR. Eduardo. A. P; VIANA, Adson P. Q.; "Fichas de observação: síntese gráfica enquanto instrumento didático", p. 704-713. *In:* Congresso Internacional de Design Da Informação/ Congresso Nacional de Iniciação Científica em Design da Informação, 9. 2019, Belo Horizonte. *Anais do 9º Congresso Internacional de Design da Informação / 8º Congresso Nacional de Iniciação Científica em design da informação.* São Paulo: Blucher, 2019. Disponível em: https://www.proceedings.blucher.com.br/article-details/fichas-de-observao-sntese-grfica-enquanto-instrumento-didtico-33661. Acesso em: 10 fev. 2020.

SILVA, Anna L. S. V.; PEREIRA, Alessandra do N.; VIANA, Adson P. Q.; SANTOS, Marina de S.; MARCIANO, Ana Beatriz T.; NASCIMENTO, Bruno R. do; "Metadisciplina aplicada em Projeto de Produto, a formação de um coletivo de Design", p. 668-683. *In:* Congresso Internacional de Design Da Informação/Congresso Nacional de Iniciação Científica em Design da Informação. 9. 2019, Belo Horizonte. **Anais do 9º Congresso Internacional de Design da Informação / 8º Congresso Nacional de Iniciação Científica em design da informação.** São Paulo: Blucher, 2019. Disponível em: https://www.proceedings.blucher.com.br/article-details/metadisciplina-aplicada-em-projeto-de-produto-a-formao-de-um-coletivo-de-design-33658. Acesso em: 10 fev. 2020.

SILVA, Anna L. S. V.; CALVET, Lya B.; CARNEIRO, Alexander C.; LOUREIRO JR. Eduardo. A. P; FURTADO, Victor. S. M.; "O Design de Informação na tradução dos métodos da Metadisciplina", p. 714-725. *In:* Congresso Internacional de Design Da Informação/ Congresso Nacional de Iniciação Científica em Design da Informação, 9. 2019, Belo Horizonte. **Anais do 9º Congresso Internacional de Design da Informação / 8º Congresso Nacional de Iniciação Científica em design da informação.** São Paulo: Blucher, 2019. Disponível em: https://www.proceedings.blucher.com.br/article-details/o-design-de-informao-na-traduo-dos-mtodos-da-metadisciplina-33662. Acesso em: 10 fev. 2020.

SILVA, Anna L. S. V.; CARNEIRO, Alexander C.; MOREIRA, Alline de A. B.; FURTADO, Victor. S. M.; MENDONÇA, José R. S.; PINHEIRO, Rafaela A.; "O Design da Informação no histórico da Metadisciplina", p. 636-649. *In:* Congresso Internacional de Design Da Informação/Congresso Nacional de Iniciação Científica em Design da Informação, 9. 2019, Belo Horizonte. **Anais do 9º Congresso Internacional de Design da Informação / 8º Congresso Nacional de Iniciação Científica em design da informação**. São Paulo: Blucher, 2019. Disponível em: https://www.proceedings.blucher.com.br/article-details/o-design-da-informao-no-histrico-da-metadisciplina-33656. Acesso em: 10 fev. 2020.

SOUSA, Carlos E. M.; SILVA, Anna. L. S. V.; CAVALCANTE, Rafael N. Metadisciplina: questões contemporâneas do Design na criação de metodologias de ensino. *In:* **Revista D.:** Design, Educação, Sociedade, Sustentabilidade. Porto Alegre: UniRitter, v. 8, nº 2, p. 38 - 53. Disponível em: https://seer.uniritter.edu.br/index.php?journal=revistadesign&page=article&op=view&path%5B%5D=1446. Acesso: 10 fev. 2020.

Demais referências

ACASO, María *et al.* **Esto no es una clase**. Madrid: Telefónica; Barcelona: Ariel, 2015.

ALVES, Gilberto Luiz. **O trabalho didático na escola moderna:** formas históricas. Campinas: Autores Associados, 2017.

ALVES, Rubem. **A alegria de ensinar**. Campinas: Papirus, 2003. Disponível em: http://www.virtual.ufc.br/cursouca/modulo_3/6994779-Rubem-Alves-A-Alegria-de-Ensinar.pdf. Acesso: 10 fev. 2020.

ANTHONY, Edward M. Approach, method and technique. **ELT Journal**, Universidade de Michigan, v. 17, n. 2, p. 63-67, 1963.

BAER, Kim. **Information design workbook:** graphics, approaches, solutions, and inspiration + 30 case studies. Beverly: Rockport Publishers, 2009.

BARBIER, René. **A pesquisa-ação**. Brasília: Liber Livro, 2002.

BLOOM, Benjamin S. et al. **Taxionomia de objetivos educacionais.** Porto Alegre: Globo, 1972.

BONSIEPE, Gui. **Design como prática de projeto.** São Paulo: Blucher, 2012.

BONSIEPE, Gui. **Design, cultura e sociedade**. São Paulo: Blucher, 2011.

BRASIL. Ministério do Desenvolvimento, Indústria e Comércio Exterior (MDIC). **Diagnóstico do Design Brasileiro**. Brasília, 2017.

CAMPOS, Fernanda C. A. *et al*. **Cooperação e aprendizagem on-line**. Rio de Janeiro: DP&A, 2003.

CARDOSO, Rafael. **Design para um mundo complexo**. São Paulo: Cosac Naify, 2012.

CASTELLO, Luis A.; MÁRSICO, Claudia T. **Oculto nas palavras**: dicionário etimológico para ensinar e aprender. Belo Horizonte: Autêntica, 2007.

CASTELLS, Manuel. **A era da informação**: economia, sociedade e cultura. São Paulo: Paz e Terra, 1999.

CAVALCANTE, Ruth; GÓIS, César W. L. **Educação biocêntrica**: ciência, arte, mística, amor e transformação. Fortaleza: Expressão Gráfica e Editora, 2015.

FLUSSER, Vilém. **Filosofia da caixa preta**: ensaios para uma futura filosofia da fotografia. Rio de Janeiro: Relume Dumará, 2002.

FRASCARA, Jorge. **Communication Design**: principles, methods and practice. Canadá: Allworth Press, 2004.

FRASCARA, Jorge. **¿Qué es el diseño de información?** Buenos Aires: Ediciones Infinito, 2011.

FREIRE, Paulo. **Educação como prática da liberdade**. Rio de Janeiro: Paz e Terra, 1967.

FREIRE, Paulo. **Pedagogia da autonomia**: saberes necessários à prática educativa. Rio de Janeiro: Paz e Terra, 2015.

FREITAS, Luisa. V.; FREITAS, Candido V. **Aprendizagem cooperativa**: guias práticos. Porto: Edições Asa, 2003.

GADOTTI, Moacir. **Perspectivas atuais da educação**. Porto Alegre: Artes Médicas, 2000.

GUATTARI, Félix. ROLNIK, Suely. **Micropolíticas, cartografias do desejo**. Petrópolis: Vozes, 1996.

HATTIE, John. **Visible learning for teachers**: Maximizing impact on learning. Abingdon-on-Thames: Routledge, 2012.

HOOKS, Bell. **Ensinando a transgredir**: a educação como prática da liberdade. São Paulo: WMF Martins Fontes, 2017.

HOUSSAYE, Jean. **O triângulo pedagógico ou como entender a situação pedagógica**. Rouen: Universidade de Rouen, 1988.

IDEO. **HCD - Human Centered Design**: Kit de ferramentas. EUA: Ideo, 2009.

INEP. Instituto Nacional de Estudos e Pesquisas Educacionais Anísio Teixeira. **Sinopses estatísticas da Educação Superior: 1995 a 2017**. Brasília: Inep, 2018. Disponível em: http://inep.gov.br/web/guest/sinopses-estatisticas-da-educacao-superior. Acesso em: 10 fev. 2020.

JENKINS, Henry. **Cultura da convergência**. 2. ed. São Paulo: Aleph, 2006.

JOHNSON, David W.; JOHNSON, Roger T. **Research shows the benefits of adult cooperation**. Educational Leadership, v45, n3, p. 27-30, novembro 1987.

JOHNSON, David W.; JOHNSON, Roger T.; KARL, A. **A aprendizagem cooperativa retorna às faculdades**: qual é a evidência de que funciona? Change, v. 30. n. 4, jul.-aug. 1998.

JOLY, Martine. **Introdução à análise da imagem**. 11. ed. Lisboa: Papirus, 2007.

KHÖLER, Elizabeth; BAUM, Carlos. **Desdobrando a teoria Ator-Rede**: Reagregando o social no trabalho de Bruno Latour. Polis e Psique, Porto Alegre, v. 3, n. 1, p.142-157. 2013.

KRIPPENDORFF, Klaus. Design centrado no ser humano: uma necessidade cultural. **Estudos em design**, Rio de Janeiro: Associação de Ensino de Design do Brasil, v. 8, n. 3, set. 2000. p. 87-98.

LATOUR, Bruno. Um Prometeu cauteloso? Alguns passos rumo a uma filosofia do design (com especial atenção a Peter Sloterdijk). **Agitprop**: revista brasileira de design, São Paulo, v. 6, n. 58, 2014.

LAWSON, Bryan. **Como arquitetos e designers pensam**. São Paulo: Oficina de Textos, 2011.

LEFEBVRE, Henri. **A revolução urbana.** Belo Horizonte: UFMG, 2008.

LÖBACH, Bernd. **Design industrial:** bases para a configuração dos produtos industriais. São Paulo: Edgar Blusher, 2001.

LYNCH, Kevin. **The image of the city**. Cambridge: The M.I.T. Press, 1960.

MANZINI, Ezio. **Design para inovação social e sustentabilidade:** Comunidades Criativas, organizações colaborativas e novas redes projetuais. Rio de Janeiro: E-papers, 2008.

MANZINI, Ezio. **Design. quando todos fazem design:** uma introdução ao design para inovação social. São Leopoldo: Ed. Unisinos, 2017.

MANZINI, Ezio. Metaprojeto hoje: guia para uma fase de transição. *In:* MORAES, Dijon de. **Metaprojeto:** o design do design. São Paulo: Blucher, 2010.

MARGOLIN, Victor; MARGOLIN, Sylvia. Um modelo social de design: questões de prática e pesquisa. **Revista Design em Foco**, Universidade do Estado da Bahia, v. 1, n. 1, p. 43-48, julho-dezembro, 2004. Disponível em: http://www.redalyc.org/articulo.oa?id=66110105. Acesso em: 10 fev. 2020.

MARTINS, Pura L. O. **Didática teórica/Didática prática**. São Paulo: Edições Loyola, 1993.

MORAES, Dijon de. **Metaprojeto:** o design do design. São Paulo: Blucher, 2010.

MUNARI, Bruno. **Das coisas nascem coisas.** São Paulo: Martins Fontes, 1998.

NÉRICI, Imideo G. **Métodos e técnicas de ensino**. *In*: I. G. Nérici, Metodologia do ensino superior. Rio de Janeiro: Fundo de Cultura, 1973.

NIEMEYER, Lucy. **Elementos de Semiótica aplicados ao design**. Rio de Janeiro: 2AB, 2007.

NOJIMA, Vera; ALMEIDA JR, Licínio; RIBEIRO, Adriana B. **Um plano metodológico para um projeto de pesquisa em design**. Estudo e prática de metodologia em design nos cursos de pós-graduação. Rio de Janeiro: Novas Ideias, 2011.

NORMAN, Donald. **Design do dia a dia**. Rio de Janeiro: Rocco, 2006.

OVEJERO, Bernal A. **Métodos de aprendizagem cooperativa**. PPLL. Espanha: 1990. Disponível em: https://crede02.seduc.ce.gov.br/index.php/downloads/category/34-documentos?download=579%3Ahistria-e-mtodo&fbclid=IwAR0A2X820L-Gjs7CN_9uAnvDYQV7DgNmcL6Up_3F3XPlEjjx-fFqtkwNFQZE. Acesso em 10 fev. 2020.

PADOVANI, Stephania; HEEMANN, Adriano. Representações gráficas de síntese (RGS) como artefatos cognitivos para aprendizagem colaborativa. **Estudos em design**. Rio de Janeiro, v. 24, p. 45-70, 2016.

PAIM, Cláudia. **Coletivos e iniciativas coletivas: modos de fazer na América Latina contemporânea.** Tese (Doutorado em Artes Visuais) – Universidade Federal do Rio Grande do Sul, Porto Alegre, 2009.

PAPANEK, Victor J. **Design for the Real World**. Thames and Hudson. Universidade da Califórnia, 1977.

PEREIRA, Alessandra N. Levantamento dos principais escritórios de design gráfico e produto da Região Metropolitana de Fortaleza. *In:* **Encontros Universitários da UFC**, Fortaleza, v. 2, p. 4405, 2017.

PERRENOUD, Philippe. **Dez novas competências para ensinar.** Porto Alegre: Artmed, 2000.

PIGNATARI, Décio. **Semiótica e Literatura.** São Paulo: Cultrix, 1987.

POL, Enric. **Cognición, representación y apropiación del espacio.** Barcelona: Universidad de Barcelona, 1996.

PORTUGAL, C. **Questões complexas do design da informação e de interação.** Revista Brasileira de Design da Informação, São Paulo, v.7, n.2, pp.1-6, 2010.

QUATTRER, Milena; GOUVEIA, Anna. P. S. Cor e infográfico: o design da informação no livro didático. **InfoDesign** - Revista Brasileira de Design da Informação, v. 10, n. 3, p. 323-341, 2013.

QUINTÃO, Fernanda S.; TRISKA, Ricardo. Design de informação em interfaces digitais: origens, definições e fundamentos. *In:* **Infodesign**: Revista Brasileira de Design da Informação, v. 11, n. 1, p. 116-118. São Paulo, 2013.

RANCIÈRE, Jacques. O espectador emancipado. Tradução Daniele Ávila – **Questão de Crítica**, 2008. Disponível em: http://www.questaodecritica.com.br/2008/05/o--espectador-emancipado. Acesso em: 10 fev. 2020.

RANGEL, Mary. **Métodos de ensino para aprendizagem e dinamização das aulas.** Campinas: Papirus, 2006. Disponível em: http://www.ia.ufrrj.br/ppgea/conteudo/T2-6SF/PPGEA/M%E9todos%20de%20ensino.pdf. Acesso em: 10 fev. 2020.

REIS, Márcia C.; FERNEDA, Edberto. **A semiótica e o design da informação no desenvolvimento de objetos de aprendizagem.** Ci.Inf., Brasília, v. 48, n. 1, p. 23-40, 2019.

SAKUDA, Luiz. O. Plataformas digitais e o novo espírito do capitalismo: Estudo sobre a indústria de jogos digitais. *In:* **Programa Observatório Itaú Cultural de Pesquisa em Economia da Cultura - 2017.** São Paulo: Itaú Cultural, 2018.

SANTAELLA, Lúcia. **Semiótica aplicada.** São Paulo: Pioneira Thomson Learning, 2008.

SANTAELLA, Lúcia. **A teoria geral dos signos: semiose e autogeração.** São Paulo: Editora Ática S. A., 1995.

SANTOS, Boaventura S. **A universidade do século XXI: para uma reforma democrática e emancipatória da universidade.** 3. ed. São Paulo: Cortez, 2010.

SANTOS, Milton. **A Natureza do espaço: técnica e tempo, razão e emoção.** São Paulo: Hucitec, 1997.

SAVIANI, Demerval. A Filosofia da educação e o problema da inovação em educação. *In:* GARCIA, W. E. (org.). **Inovação educacional no Brasil:** problemas e perspectivas. São Paulo, Cortez Editora, 1995.

SCHMITZ, Egidio. **Fundamentos da Didática.** São Leopoldo: Unisinos, 1993.

SCHÖN, Donald. **Educando o profissional reflexivo:** um novo design para o ensino e a aprendizagem. São Paulo: Artmed, 2000.

SPODEK, Bernard. & BROWN, Patricia. Alternativas curriculares em educação de infância - uma perspectiva histórica. *In:* SPODEK, B. (org.). **Manual de investigação em educação de infância.** Lisboa: Fundação Calouste Gulbenkian, 2002. p. 193-224.

STRECK, Danilo R.; REDIN, Euclides; ZITKOSKI, Jaime J. (Ed.). **Dicionário Paulo Freire.** São Paulo: Autêntica, 2015.

THIOLLENT, Michel. **Metodologia da pesquisa-ação.** São Paulo: Cortez, 2009.

TOLEDO, Renata F.; JACOBI, Pedro R. Pesquisa-ação e educação: compartilhando princípios na construção de conhecimentos e no fortalecimento comunitário para o enfrentamento de problemas. **Educação & Sociedade: Revista de Ciência da Educação.** CEDES, Campinas, v. 34, n. 122, p. 155- 173, jan-mar. 2013.

TORRES, Patrícia. L. **Laboratório on-line de aprendizagem:** uma proposta crítica de aprendizagem colaborativa para a educação. Tubarão: Unisul, 2004.

TORRES, Patrícia. L.; IRALA, Esrom. A. F. Aprendizagem colaborativa: teoria e prática. *In*: TORRES, Patrícia. L. (Org) **Metodologias para a produção do conhecimento:** da concepção à prática. Curitiba: SENAR, 2015.

TRIPP, David. Pesquisa-ação: uma introdução metodológica. **Educação e Pesquisa**, São Paulo, v. 31, n. 3, pp. 443-466, set.-dez. 2005.

TURRA, Clódia. M. G. et al. **Planejamento de ensino e avaliação.** Porto Alegre: PUC/EMMA, 1975.

UYEMOV, Avanir. Problem of Direction of Time and the Laws of System's Development. *In:* KUBAT, L.; ZEMAN, J. (Eds.). **Entropy and Information in Science and Philosophy.** Praga: Elsevier Sc. Publ. Co., 1975. p.93-102.

VASSÃO, Caio A. Metadesign e complexidade. *In:* **Livework Brasil**, 2017. Disponível em: https://medium.com/design-servi%C3%A7o/metadesign-e-complexidade-por--caio-vass%C3%A3o-livework-entrevista-2aecde911c11. Acesso em: 10 fev. 2020

VASSÃO, Caio A. **Metadesign:** ferramentas, estratégias e ética para a complexidade. São Paulo: Blucher, 2010.

VERMEREN, Patrice; CORNU, Laurence; BENVENUTO, Andrea. Atualidade de O Mestre Ignorante – entrevista com Jacques Rancière. **Educação & Sociedade:** Revista de Ciência da Educação, Campinas, v. 24, n. 82, p. 54-61, 2003. Disponível em: http://www.scielo.br/pdf/es/v24n82/a09v24n82.pdf. Acesso em: 10 fev. 2020.

VIEIRA, Jorge A. Ontologia sistêmica e complexidade. **Formas de conhecimento e arte:** arte e ciência uma visão a partir da complexidade. Fortaleza: Expressão Gráfica e Editora, 2008.

VIEIRA, Jorge A. Sistemas e patrimônio cultural. *In:* PINHEIRO, Adson Rodrigo S. (org.). **Cadernos do patrimônio cultural:** educação patrimonial. Fortaleza: Secultfor: Iphan, 2015. p. 171-184.

ZINGALE, Salvatore. Qual semiótica para o design? A via pragmatista e a construção de uma semiótica do projeto. *In:* **Cadernos de estudos avançados em design:** Design e Semiótica. v.1. Barbacena: EdUEMG, 2016.

Para trocar informações e experiências,
entre em contato com a gente:
grupometadisciplina@daud.ufc.br

———————————————————

Este livro foi composto com as fontes Fontin Sans e Poppins.
O miolo foi impresso em papel offset 90g/m² e a capa em
cartão supremo 300g/m², na Finaliza Editora e Gráfica Ltda.,
em outubro de 2021.